本书获浙江大学中国农村发展研究院出版支持

Agricultural Entrepreneurship Case Studies

New Farmers' Practice on the Road to Rural Revitalization

乡村振兴路上的
新农人实践

鲁柏祥　著

ZHEJIANG UNIVERSITY PRESS
浙江大学出版社

图书在版编目（CIP）数据

乡村振兴路上的新农人实践／鲁柏祥著. —杭州：
浙江大学出版社，2022.1(2025.7 重印)
ISBN 978-7-308-22205-1

Ⅰ.①乡… Ⅱ.①鲁… Ⅲ.①农村—社会主义建设—
研究—中国 Ⅳ.①F320.3

中国版本图书馆 CIP 数据核字(2021)第 268362 号

乡村振兴路上的新农人实践

鲁柏祥 著

责任编辑	陈佩钰（yukin_chen@zju.edu.cn）
责任校对	许艺涛
文字编辑	周 靓
封面设计	雷建军
出版发行	浙江大学出版社
	（杭州市天目山路 148 号 邮政编码 310007）
	（网址：http://www.zjupress.com）
排 版	杭州青翊图文设计有限公司
印 刷	浙江新华数码印务有限公司
开 本	710mm×1000mm 1/16
印 张	11
字 数	200 千
版 印 次	2022 年 1 月第 1 版 2025 年 7 月第 4 次印刷
书 号	ISBN 978-7-308-22205-1
定 价	68.00 元

创业征途(代序)

数千年来,中国农民面朝黄土背朝天,忍饥挨饿苦无边;21世纪初,世界人口最多的中国全面脱贫,这一人间奇迹令世人瞩目。今天的中国已进入发展新阶段,乡村振兴是当今时代的主旋律。在过去的三年里,近千名全国各地的新农人先后走进在浙之滨的求是园,和浙江大学的老师们相互交流,一起探讨,共同成长,这就是浙江大学的"新农人千人计划"。

"新农人千人计划"的积极推进,让我们有机会和"新农人"这一新型农村创新创业主体进行广泛的面对面的接触并开展一系列深入研究;让我们亲身见证了一位位对农业充满热爱、对农民满怀深情的有心人带领千家万户的中国农民直接投身幸福美丽乡村建设与发展的火热场面。"新农人千人计划"的有效实施,让我们真切领略到了新农人们在广袤的田野上用自己的热血与汗水描绘着新时代中国农村的壮美画卷的豪迈壮气。"为什么我的眼里常含泪水,因为我对这土地爱得深沉。"这句话用在新农人身上,最恰当不过。

新时代的新农人们,背着使命上路,驰骋创业征途;

新时代的新农人们,豪情漫天飞舞,洒下梦想无数。

新时代的新农人们,跌倒毫不在乎,英雄从不认输;

新时代的新农人们,成功不求神速,只求每天进步。

书中的20位新农人分别来自陕西、内蒙古、河北、上海、浙江等18个省(区、市),平均年龄42岁,其中有7位共产党员。20位新农人中有6位从事种植业、5位从事养殖业、4位从事加工业、5位从事综合服务业,大专及以上学历者13位。这些新农人,虽然性别、年龄、受教育程度、工作背景、生活背景乃至家庭背景不具有任何的可比性,但他们都怀揣着热爱农民、热爱农业、热爱农村的赤诚之心,都有使不完的劲,都有不屈的奋斗精神。他们以各自独有的方式敲打着一个个时代的音符,谱写了一曲曲生命的凯歌,闪耀出一道道人生最璀璨的光芒。把这样鲜活、真实的故事记录下来、整理出来,无论如何都是一件非常有意义的事,这就是《乡村振兴路上的新农人实践》一书的缘起。然而,终因篇幅所限,书中仅收录了20位新农人的故事。虽然不能反映中国当代新农人的全貌,但它一定是我们认识新农人、了解新农人的重要窗口。

狄更斯曾说:"这是一个最好的时代,也是一个最坏的时代;这是一个智慧的年代,这是一个愚蠢的年代;这是一个信任的时期,这是一个怀疑的时期;这是一个光明的季节,这是一个黑暗的季节;这是希望之春,这是失望之冬;人们面前应有尽有,人们面前一无所有;人们正踏上天堂之路,人们正走向地狱之门。"其实,时代没有好坏,年代没有智愚,时期没有信疑,季节没有明暗,希望与失望、大有与绝无、天堂与地狱、美好与丑陋,一切因人而起,一切因人而异。一切属于奋斗者,一切属于时代的弄潮儿。

前进吧,光荣的新农人。

奋斗吧,自豪的新农人。

鲁柏祥

浙江大学紫金港校区

二〇二一年四月十二日

目　　录

第四部分　综合服务行业类案例

第一部分

种植业类案例

朱继宏
学习是创业第一驱动力

从小学教师到职业农民，从初涉农业到成为带领农民共同致富的合作社理事长，朱继宏和他的合作社通过不断的学习，在发展中逐步建立起规范的合作社制度、规范的猕猴桃生产标准以及规范的经营管理制度。他勇于引入新思想、尝试新模式、利用新技术，实现了合作社的快速发展。

【个人简介】

朱继宏，男，汉族，1971 年 1 月 2 日出生。中共党员，大专文化程度，高级职业农民，高级农艺师。

任陕西省宝鸡市眉县猴娃桥果业专业合作社理事长、陕西华果猕猴桃种植有限公司董事长、眉县果业科技创业创新协会理事长；中国果品流通协会理事、陕西农民专业合作社联合社理事；眉县科协农技协联合会常务理事兼秘书长。

获评农业部管理干部学院"聚力强社"合作社领军带头人、中国农业农村部农村实用人才带头人、2017 科技部政策法规与监督全国科技活动周"万名科学使者进社区"优秀个人、第二届科普中国最美乡村科技致富带头人。

【创业感言】

5 年多的创业总有许多艰辛，也有很多困难需要克服，在发展中有很多因素对合作社的发展起到了重要作用。总结起来有以下几点。

思路决定出路。农业生产具有长期、持续、缓慢的特点，因而农业是一个投资周期长、风险高的行业。农产品不像工业产品是在模具下做出来的，它是在自然环境下生长的，因此很容易受到自然灾害的影响。走农业这条路不容易，除了要有持之以恒的坚持，更要抵得住风险。"我爱我家，我的家乡我骄傲，猕猴桃这条路，我会一直坚持走下去。"

弘扬两种精神。一是"团队精神"。"团队精神"是华果人的基本素养，通过沟通、协调、合作，营造"公平、公开、公正"的良好环境，形成上下齐心、步调一致的局面。二是"学习精神"。"学习精神"是华果人的成功关键，要敢于学习、善于学习，要在变化中学习与适应，在适应中生存与发展，把主动学习、善于学习视作一种工作能力，长期坚持，毕生实践。"人人是老师，人人是学生"是所有华果人的基本学习观、人生观。

奋斗本身就是一种幸福。习近平总书记的讲话，以饱满的激情、昂扬的话语，激励着以不懈奋斗投身伟大事业、以无私奉献照亮伟大征程的人们。实践使朱继宏对习总书记"奋斗"这一时代主题词有了更深刻的理解。一分耕耘一分收获，每一分勤奋的努力，都会获得倍增的回报。天高任鸟飞，海阔凭鱼跃，拼搏奋斗其乐无穷。"人生有梦想就会是快乐的，而人生也正是因奋斗而精彩。"

【眉县猴娃桥果业专业合作社】

眉县猴娃桥果业专业合作社位于陕西省眉县槐芽镇东柿林村，于 2015 年 3 月注册成立。现有成员 312 户，社员 319 人，固定员工 12 人。总投资 700 万元，其中固定资产 300 万元、流动资金 400 万元。合作社注册了"猴娃桥""猴娃桃"商标、"猴娃桥果业"图案，实施了猕猴桃原产地追溯系统，商标价值达 1500 万元。

合作社经营内容包括农作物标准化种植示范，农业新技术培训、指导、咨询，新技术、新品种实验、示范、推广服务，种植业生产资料经销服务等。

合作社曾获全国农业科技创业创新联盟创业创新实训基地、农业双创示范基地；农业部管理干部学院第四届、第五届、第六届"农合之星"和"全国优秀合作社"；第 24 届、第 25 届、第 26 届中国杨凌农业高新技术成果博览会后稷特别奖；全国"2019 品牌农业影响力年度盛典"中国十大"产业扶贫典范"、中国十大"乡村振兴典范"。

【创业者故事】

坚持不懈方能一路走来

朱继宏原本一直在当地小学任教,也曾荣获教育部数学会奥林匹克二级教练称号,但稳定的工作并没有让他就此安稳下去,心底的热爱让他最终选择了弃教从农,加入创新创业的新农人队伍当中。

踏踏实实迈出第一步

1999—2006 年,朱继宏在眉县植保站青化分站任站长,主要开展农资销售工作。2006 年,成立眉县继宏农资经营部,随后变更为宝鸡继宏农资销售有限公司,他任法人兼董事长,主要从事经销美国先锋公司的玉米种子、化肥等。在 2006—2014 年 9 年间,他作为宝鸡地区总经销,成为宝鸡地区种业引领者,公司亦成为宝鸡市种业的龙头企业。他被政府推荐参加"一村一名大学生"项目,相继完成了中专和大专的学习,分别从农作物生产技术专业和农林牧渔类农业技术类专业毕业。同时,在 1999—2014 年 15 年间,他陆续被中国人才委员会评为高级农艺师、星火带头人、农村实用人才等,连任眉县政协第六届、第七届委员,且连续四年荣获评优秀政协委员。

熟悉行业政策是必修课

然而,正当朱继宏的事业蒸蒸日上之时,2015 年,国家正式取消玉米保护价收购政策,推动农业由计划经济向市场经济转型。由于对国家政策掌握不够彻底,一时间前期创业期间赚的钱全部赔光。虽然这事对他的打击非常大,但这段经历也让他在日后创业过程中的心态更加稳重成熟,同时也让他懂得一个道理,就是中国的农业离不开政策的引导,想要在农业领域创出一番事业,随时了解国家的政策和发展趋势是一门必修课。他没有放弃农业,他对自己的家乡——眉县,再次做了详细充分的调研。他发现,眉县猕猴桃种植面积和产量已经超过新西兰。眉县有 32 万人口,全县种植猕猴桃总面积达到 30.2 万亩,人均 1 亩。猕猴桃已成为眉县"一县一业"和农民致富增收的支柱产业,是全国最大的优质猕猴桃生产基地。有了第一次的教训和经验,他开始了第二次创业。

只有坚定才能继续向前

在近五年的创业发展中,无论是政策学习,还是理论提升,都让他收获颇丰。在坚定做好眉县猕猴桃产业的同时,他也体会到了学习的重要性。通过理论与实践的结合,他组建起一支"泥腿子团队",把农民变股东,让农民"参政议政",在合作社中率先坚定地实行"民主集中制",成功把他一手创办的猴娃桥果业专业合作社发展为当地猕猴桃标准化生产的引领者。他相信,只要不懈地努力与不断地学习,他一定能将农民专业合作社建设成为引领农民参与市场竞争、实现增收致富的重要载体。

科学发展才能走得更远,通过联合快速发展

2015 年 3 月 2 日,新农人朱继宏组织成立了眉县猴娃桥果业专业合作社并担任理事长。在发展之初,面对越来越多的工商资本进入农业领域,农民专业合作社单打独斗已经不能适应日益激烈的市场竞争需要。同年 8 月,他决定走联合的道路,与国家级(眉县)猕猴桃产业园区管委会共同成立陕西华果猕猴桃种植有限公司,并担任董事长。结合眉县在解放战争中的英雄故事和猴娃桥当地民间传说,注册了"猴娃桥""猴娃桃"等 27 个商标,设计了"猴娃桥果业"商标形象。

合作社最初只有五户果农、十几亩猕猴桃和一间办公室。通过近年来联合发展,合作社规模呈"滚雪球"式发展,如今有果农 312 户,猕猴桃嵌入式托管种植面积达 5600 亩;合作社占地 5.3 亩,11 间两层办公楼,投资 100.94 万元,新建 1446 平方米的钢构彩钢房屋 37 间,建起了猕猴桃精选自动作业流水线、冷藏库、农产品展示大厅、农资贮藏库、农资门市部、无遮挡会议大厅等配套设施,使阵地基础设施建设一应齐全。

在关键点上下足功夫

近五年来,如下几件事对合作社的发展有着非常重要的影响:

依照相关法规科学建社强社。2017 年起,通过在农干院和浙大农商研究院的培训学习,朱继宏塑造出了华果猴娃桥果业的六面大旗:学习精神、团队精神、创新精神、拼搏精神、实事求是精神、精益求精精神。他先后六次参加农业部管理干部学院组织的"聚力强社"培训,依照新的农民合作社法建社强社,举办了规范建设提升能力专题培训班,成功召开了合作社换届大会,讨论

通过了新的合作社章程,选举产生了新的理事会、监事会,做到了组织机构和章程制度健全;制作并发放了社员证、股金证,按股分红;合作社执行财务会计制度,科学分配盈余,2018 年底和 2019 年底分别向社员分红 91.33 万元和 74.02 万元。《农经》杂志 2019 年第 5 期刊登了《朱继宏:做猕猴桃标准化种植的引领者》的专访文章。经过依法规范建社强社,他将原来一盘散沙的泥腿子草莽班子规范成为一支正规团队。

以绿色认证为抓手提高生产水平。合作社从 2016 年起建立了猕猴桃绿色示范基地,印制了《眉县猕猴桃标准化生产周年管理技术规程》《猕猴桃丰产稳产优质高效技术要点》《眉县猕猴桃标准化生产十大关键技术》等技术资料 3600 余份,免费发到猕猴桃生产示范基地和合作社的全体果农。

为推动农业标准化生产,合作社以促进农业增效、农民增收为目标,在猕猴桃标准化生产上,创新制定了《华果猴娃桥果业猕猴桃标准综合体》,在陕西省地方标准《猕猴桃标准综合体》的基础上,重点在"猕猴桃花粉""猕猴桃鲜果""猕猴桃栽培技术规程""猕猴桃鲜果贮藏技术规程"四部分,将合作社在生产实践中摸索总结的具体经验做法,经过提炼提升进行了补充完善,创新制定出了合作社技术标准,此合作社标准在全市乃至全省应属首创。合作社以此标准指导猕猴桃标准化生产,标准化生产技术得到全面应用。

开展猕猴桃评优工作。选送基地所产的"徐香"猕猴桃,经西北农林科技大学测试中心检测,检测结果为:总糖 11.6%,总酸 1.21%,维 C 362.44mg/100g,可溶性固形物 17.4%,比陕西省优质猕猴桃评定标准——可溶性固形物 13.3%高出 4.1%,维 C 含量(100—130)mg/100g 高出 232.44mg/100g,维 C 含量是评定标准的 3 倍。

通过抓建示范点,包抓示范户,大力培训推广普及猕猴桃标准化生产技术,使合作社猕猴桃产业整体水平得到了提升。经过几年的艰辛努力,先后获得了有机认证、质量管理体系认证、良好农业规范认证、绿色认证、无公害认证、地理标志认证等六个证书;获得农业农村部首批确认的全国农产品质量安全与营养健康科普生产经营主体称号。

通过品牌建设提升产品质量

第一,用产品可追溯为品牌建设提供质量保证。建立了产品可追溯体系,实现从生产到销售全过程的有效监控,保证了产品的质量安全,使自己的产品有了"身份证"。在各基地推行"五统一",即统一标准、统一培训、统一投入品（统一用肥方案、统一技术指导、统一配送农资、统一检查督促）、统一管理、统一销售的办法，为保证果品质量打好了坚实的基础。一是严格投入品供应及管理。在每个基地都建立有投入品专供点，为种植户提供质量符合国家标准要求的优良品种，提供有机肥、配方肥、农药配送服务。二是建立溯源制度。基地使用统一内容格式的标识，对生产的品种、数量、时间、批次等进行详细记录，在包装物上系挂统一的标识。收购产品时详细记录基地交售的产品标识内容，实施了猕猴桃原产地追溯系统。三是签订入网服务协议。与中追（北京）科技有限公司的中国产品质量追溯系统网络平台签订了入网服务协议书。

第二，用市场推广为品牌建设提供营销保障。积极参加政府组织的各种品牌宣传推介活动，积极参加各种大型展会，展示猴娃桥牌猕猴桃品种，宣传推介、签订订单；强化品牌打造，充分利用政府搭建的各类平台，宣传产品；采用各种展览展示方式推介产品。近年来，先后与嘉兴、上海、苏州、南昌、合肥、深圳、长沙、福州等地的 11 家果商及上海、深圳、杭州、北京、南昌、东莞、深圳、福州等地的 46 个新零售电商建立了密切的贸易关系。

充分利用《中国农民合作社》杂志、中国农经、人民日报海外版官网海外网、《农业科技报》等 60 多家新闻媒体，开展猕猴桃市场推广与新媒体营销活动。坚持以品牌引领销售，2020 年销售猕猴桃 1200 万斤，其中新零售电商销售 800 万斤、线下销售 400 万斤。

开启网红直播带货，融入互联网

2019 年，朱继宏带领合作社紧跟时代商机，率先举办了眉县猴娃桥网红猕猴桃三期视商培训班，5 月 17 日成功举办了"网红眉县直播全国"暨"眉县第一届猕猴桃果园现场直播线上线下互动宣传促销分享大会"。2020 年，成功举办了四期直播带货营销培训班，培训学员 660 余人；针对猕猴桃销售，积极做好网络营销人员和眉县网红的培养打造工作，创造性地将直播电商与电商扶贫、传统商贸企业融合发展联合起来，发挥"电商＋网红＋淘宝＋线下渠道"的引领示范作用，积极推进猕猴桃的线上销售工作。

【创业总结】

朱继宏和"猴娃桥"所在的眉县是知名的猕猴桃产区，当地选择进入猕猴桃行业具有一定的便利与优势,适宜的环境是当地的区域优势,当地相对成熟的猕猴桃种植技术和果农丰富的种植经验也能够在合作社初创与起步时期提供相对便利的条件。但同时,他们也面临着竞争与挑战。众多的生产者必然形成区域内部激烈的竞争,这对果品的产量、品质以及品牌都提出了要求。要在激烈的竞争中生存下来,并在众多同质竞争者中脱颖而出,创业者和其组织,都需要按照科学的方法,遵照市场规律进行发展。

做过教师的朱继宏就是认识到了知识在发展中的重要性,所以他能够放平心态、放下姿态,积极地学习新的知识与技能,当一名合格的学生。他在组织建设中按照合作社法规范组织发展;在生产中重视绿色认证与新技术的应用,努力提高产品品质;在品牌打造中不但率先开启网络直播销售,而且能够组织学习班,把自己的知识与经验传播给身边的乡亲,带领大家共同走科学发展之路。

杨 亮
联合发展,共同致富

　　北虫草是赤峰市敖汉旗一种特色菌类。杨亮正是发现了其蕴含的商机,于是开始尝试种植和加工北虫草。在自身发展出现一定的滞后时,杨亮积极地在区域内进行强强联合,组建了联合社,让大家进行资源共享,利益增大,转变了以往单打独斗的形式,探索出了一条联合发展的模式。

【个人简介】

　　杨亮,1986年出生,是一个生在农村、长在农村,对农村和农业有着不一样情怀的青年。现任敖汉旗惠州北虫草种植农民专业合作社理事长、赤峰敖扬农业发展有限公司法人总经理、内蒙古蒙新联种养农民专业合作社联合社法人理事长。

　　由杨亮负责的"北虫草种植与深层提取"项目曾获第六届"创青春"中国青年创新创业大赛铜奖。2020年8月,该项目又在第四届"农行杯"内蒙古农村牧区创业创新项目创意大赛中荣获"三等奖"。2018年公司被区人社厅评为自治区级创业示范店。2018年底杨亮被旗委组织部评为优秀创业者及2019年度内蒙古"全区农村牧区青年致富带头人"。

【创业感言】

　　我最初选择农业是为了养家糊口,现在坚持农业是因为未来可期,作为一个80后的新农人,我深刻地感受到了父辈们在农业这条路上的艰辛。创业路上的风雨坎坷，让我变得更加坚强成熟，我也相信现在的这些经历，将会是我成长以后最美好的相册，也是我无悔青春最好的见证。我深信未来农业不只是一份职业，更是一份可以打造自己人生价值的事业。在实现自我价值的同时，也可以为子孙后代打下一定的基础，在未来的路上，我会坚持不忘初心、努力前行。

【敖汉旗惠州北虫草种植农民专业合作社】

合作社成立于 2011 年，合作社最初有社员 5 户，注册资金 100 万元，位于内蒙古赤峰市敖汉旗新惠镇三宝山村。经过近九年的发展，现有合作社成员 75 户，其中返乡创业 42 户 77 人。合作社在 2016 年注册了"粟原珍宝"牌商标，同年被敖汉旗政府评选为旗级示范社，2017 年被市政府评为市级示范社，同年被农业部授予"优秀合作社品牌"。2018 年被评为"优秀合作社"，自治区级示范社，中国合作社 500 强社，新农人创新发展委员会会员单位，中国农副产品追溯委员会会员单位。敖汉旗惠州北虫草农民专业合作社业务也由最初单一的虫草种植销售发展到现在原料供应、设备供应、虫草种植、菌种供应、技术培训、销售及培养基回收加工和循环产业链。

【创业者故事】

从自己的小目标出发

2007 年，中专毕业后，为了改变家里的贫穷面貌，杨亮外出寻找致富门路，先后在工厂打过工，做过小生意，开过出租车。经过 1 年多时间的尝试，思来想去，他最后选择返回农村创业。2008 年初，杨亮怀揣着梦想，在家人的反对声中，回到了老家敖汉，选择把成本低、见效快、生长周期短的北虫草种植作为自己的创业项目。他东拼西凑借了 10 万元，作为项目启动资金，开启了北虫草种植之旅。半年后，他在乡亲们怀疑和嘲笑的目光中，不但回收了成本，并且还赢利 15 万元，一举改善了家庭的经济状况。2009 年，初尝甜头的他又动员了身边的几个朋友和亲戚一起种植北虫草，无一例外，各人在当年均取得了不错的经济效益。此时，部分村民慢慢认识到了项目的价值，到 2011 年初，在杨亮的带动下，全村种植北虫草的农户增加到了 11 户。

向着更高的目标前进

起初,回家务农,只是看到了北虫草种植的商机,只是小农思想,为了赚钱。但是合作社的发展,带动了更多的人脱贫致富,让杨亮感觉到人生观发生了变化,合作共赢是未来农业发展的一个大方向。在创业过程中,他不断地学习,认识了很多志同道合的创业者并共同组建了联合社,整合了更多的可用资源,使产业不断扩大,销售渠道更加广泛。

联合起来实现快速发展

眼见北虫草种植初见实效,也得到了乡亲们的认可,在这种情况下,先富起来的杨亮,并没有只关注自身的利益,而是将目光放在了乡亲们的身上。三宝山村全村户籍人口共有 1500 多人,虽然距离新惠城区不太远,但是因为人均土地不多,气候又较为干旱,靠天吃饭的现象较为严重,因此很多村民选择了背井离乡、进城务工,留下的村民只能继续土里刨食,收入有限。如何改变这种情况,让乡亲们越过越好呢?这成了杨亮最为关心的事情。

种植北虫草,收益初见,同时也逐渐受到了乡亲们的认可。为了带动更多的村民走上富裕之路,经过深思熟虑,2011 年 5 月杨亮牵头成立了敖汉旗惠州北虫草种植农民专业合作社,并积极动员村民们加入合作社,共同种植北虫草。为了提高种植效益,形成种植规模,这些年杨亮没少想办法。一是尽可能为会员提供更优质的服务。他免费传授会员们北虫草的种植技术;为降低会员的种植成本,多年来坚持以低于市场价的价格给社员们供应北虫草的培养基;面对急需用钱的会员,杨亮会以略高于市场价的价格,提供北虫草的回购服务,解决会员的后顾之忧,且在回购过程中,哪怕自身资金再紧张也坚持现金结算,让社员彻底放心。二是千方百计、想方设法打开销路。为此,杨亮先后去过广东、河南、宁夏、黑龙江、吉林、辽宁、福建、重庆等多地调研市场需求,寻找销售渠道,并与外地多家餐饮连锁机构、大型超市、制药企业都有过合作。三是千方百计提高产品的质量,打造北虫草品牌,于 2016 年注册了"粟原珍宝"牌商标作为当地北虫草的品牌。近几年,他还联系了相关企业在北虫草的深层成分提取上下功夫,努力挖掘北虫草的经济价值。

创业中的几座里程碑

学习和培训是杨亮在创业路上的基础和事业发展的养分,他得到了各级政府部门的认可，多次参加培训。2018 年 3 月，杨亮在农业农村部干部管理学院参加合作社带头人能力提升班，对合作社的发展和管理都有了一个新的认识，使合作社发展摒弃了一些陋习。9 月，他入选由农业农村部、浙江大学、云集集团共同举办的千人计划培训班，对农业有了一个新的认识，将培训所学的农业知识、合作社管理制度、财务管理制度、团队运营、品牌营销、电商销售等知识运用于合作社发展，使合作社更加规范，前景更加广阔。敖汉旗、赤峰市及内蒙古自治区电视台对杨亮进行了多次的专访和宣传，让杨亮和他的企业得到了大力的宣传。

赤峰敖扬农业发展有限公司注册于 2018 年，是在原有敖汉旗惠州北虫草种植农民专业合作社基础上成立的。敖汉旗惠州北虫草种植农民专业合作社成立于 2011 年，合作社最初社员 15 户，经过近七年的发展，现有合作社成员 75 户，其中返乡创业 42 户 77 人，安排建档立卡贫困户 25 户就业。

2020 年新冠疫情以来，公司法人杨亮又主动申请加入到由敖汉旗统战部、敖汉旗工商联组织的"百企帮百村"，企业带头人挂职贫困村扶贫名誉村主任的活动中，并主动要求到敖汉旗深度贫困村下井村任职。

杨亮将公司北虫草种植与副产品加工项目结合于下井村实际情况，建立了一种新的扶贫模式——北虫草全产业链扶贫项目。

赤峰敖扬农业发展有限公司的北虫草全产业链扶贫项目建设，主要是进一步扩大虫草种植规模，延长产业链条，把北虫草培养基进行深加工，提高产品附加值，将北虫草产业打造成新的特色扶贫产业，带动同村以及下井村的贫困户和周边的农民发家致富。项目起到了良好的带头作用，提高了贫困户脱贫的信心，使公司的生产经营进入良性的循环，同时带动地方经济快速发展。

确立创业两大核心业务模块

北虫草种植扶贫。扩大北虫草种植规模。在合作社成员原有种植 75 万盆的基础上，再扩大北虫草种植 25 万盆，这样可直接带动就业 30 人，种植户人均年增收 8000 元左右，从而带动更多群众致富，并且进行原料无偿赊欠、设备供应、北虫草种植技术培训与指导、菌种供应、滞销北虫草销售及培养基回收加工。公司解决贫困户就业 25 人，其由公司免费培训，培训合格后分组分配到种植户工作，公司为其缴纳保险，人均年收入 2.4 万元左右。

副产品加工扶贫。培养基深加工，培养基作为北虫草种植的衍生废料，以前在北虫草采收后被直接丢弃,费工费力,还造成了环境污染。为延长北虫草种植产业链条,合作社充分挖掘培养基的经济价值,提高种植附加值。下井村是深度贫困村,有贫困户71户,是一个靠天吃饭的贫困村。公司利用产业的优势,帮助15户贫困户购买育肥牛85头,并以低于市场价200元每吨的价格为养殖户提供牛羊发酵饲料。公司还专门为养殖户配备技术人员,以保证养殖户的牛配种、接生、病态等问题能第一时间得到解决。养殖户产出的牛羊粪公司进行回收,回收来的牛羊粪与公司有杂质、有污染的培养基进行配比加工做成有机肥。生产出的有机肥,公司以"春赊秋还"的方式赊欠给25户贫困种植户,并请农业专业人员为其进行土地检测,指导种植。种植户秋收产出的谷子、绿豆由公司进行包装并且销售,种植户种植的小麦,公司以高于市场价格0.05—0.1元每公斤的价格按质回收。公司的北虫草全产业链项目可使40户贫困户年增收2万元左右。公司把从小麦种植贫困户回收的小麦风选加工,然后销售给北虫草种植户用来做北虫草培养基的主要原材料,从而形成"北虫草种植户—牛羊养殖户—小麦种植户—北虫草种植户"的有机融合、互助共赢的循环产业链。

赤峰敖扬农业发展有限公司一直致力于将北虫草产业打造成绿色生态、富民兴镇的特色扶贫产业,在带动北虫草种植户利用庭院经济增收致富的同时,解决农村富余劳动力,促进种植、养殖、运输、物流及电商等多领域人员就业。

强强联合,组建联合社

2020年初,杨亮尝试联合了几家市内有自己特色产业的合作社进行强强联合,组建了联合社,让彼此进行了资源共享,利润增大,摆脱了单打独斗的形式。

联合社的建立基于以下两方面因素:一是在众多合作社里抽选有潜力和真正优良的企业进行产业融合,达到资源共享、开拓销路的目的。二是在于解决消费者不能真正吃到放心农产品的问题,开通直通车,在生鲜领域解决超市提供的产品不放心、生鲜无法追溯源头等难题,目的在于将社区经营做到更现代化、服务化和人性化。

联合社主推产品最核心的优势也是市场竞争的重点突破口所在。第一,由于运输便利,因此合作社产品能达到全市场最生鲜的程度;第二,只提供消费者"三品一标"认证产品,并且所有产品可追溯;第三,提供定点和送货上门服务,实行零距离配送模式，保姆式服务温暖小区各家。

发挥联合优势，拓宽销售渠道

联合社主推产品主要走三个销售渠道，其中之一是主题："蒙新联生鲜直通车"针对的社区类经营。"蒙新联生鲜直通车"卖给消费者的虽然是农产品，但提供的是绝对放心和精细服务。

生鲜是联合社销售的主要产品种类。 由于消费区域是赤峰境内，因此联合社主推的农产品为当日包装、当日发货，提供定点和送货上门服务，实行零距离配送制，保证产品的生鲜。

统一标准是联合社销售的要求。 旗下所有产品都是经所属合作社统一选优、加工、包装的，每项产品都贴有合作社和联合社的专用商标，因此所有品类的产品都能保证品相问题。无论是自己主推的产品，还是吸纳周边的择优产品，都必须按照联合社制定的产品品级标准来确定，联合社销售的农牧产品必须是"三品一标"类产品，而且每类产品必须通过联合社内部检测，出现问题由联合社承担全部责任。

产业融合是联合社发展的必然途径。 联合社施行产业融合、资源共享、互帮互助，因此会降低一定程度的人力物力使用，达到降低成本的目的，因此产品售价能定在同级别、同品级里的最低限度。他们整合可整合的资源，进行第一、第二、第三产业相融合，增加产品多样性，提高业务力度，全面拓展销售范围，真正实现共创共赢。

发展是为了担负更大的责任

从最初出接触农业，到现在有一点起色，杨亮认为农业不光是种养殖，更是一个前途无量的事业。他认为，创新不等于创业，但是创业想要成功就必须去突破、去创新。他对创业两个字有自己独特的理解，"创"就是行动，行动是创业的先决条件，"业"是赚钱的事，连起来就是行动起来做一件事去赚钱。

近年来，为了响应当地政府的号召，合作社还积极参与全镇移民搬迁的贫困户对接工作，2020 年要安排 25 名贫困人口在合作社打工。到 2020 年 5 月，就已安排了其中 12 人上岗。务工收入再加上政府给的补助，目前这些贫困人口每月能收入 2000 元，极大地改善了他们的生活。

【创业总结】

秉承不忘"带领村民过好日子"的初心，杨亮认为年轻人不闯是对生命的浪费，是对家庭、对社会和国家的责任心的缺失。多年来，他在创业的路上一步一个脚印地走着，他坚信只要努力就一定会有收获。

贾同斌
三聚六创,越做越强

　　贾同斌和他的石家庄市栾城区聚满种植专业合作社,在发展之初便制定了"聚人、聚钱、聚地"的目标。在工作中,他作为合作社领头人事事以身作则。在合作社发展中,他不但探索了以工业管理理念打造农业服务的"聚满"模式,同时还建立了全国首家公益性与经营性相结合的农服"4S"店,让合作社发展进入了快车道。

【个人简介】

　　贾同斌,石家庄市栾城区人,男,1968年出生。1991年6月高中毕业,1991—2012年在石药集团工作。从2005年开始,他边上班边投资做家电生意。2014年开始投资农业,建立种植合作社。现为石家庄市栾城区聚满种植专业合作社理事长、河北聚满农业科技有限公司董事长、河北省现代农业园区建设促进会副会长、河北省家庭农场联合会栾城运营中心主任、栾城区彩色土豆产业协会会长、栾城区禾阳种植专业合作社联合社理事长,被聘为中国农村合作经济管理学会新农人创新与发展专委会会员,被授予"栾城县百名农村优秀青年""栾城区优秀科技工作者"荣誉称号及"栾城区新冠肺炎疫情防控工作先进科技工作者",为中组部、农业部评选的"农村实用人才"。

【创业感言】

　　我是石药人,在石药工作了23个年头,我的骨子里打上的是石药文化的烙印,"做好药、为中国"理念贯穿始终,这些年我始终牢记石药集团的培育,时刻记着不能给石药人丢脸。我反复地思考:人为什么活着?为谁活着?活着的意义、价值何在?思路决定出路,正确地认识自己,我要做今生有意义的事。

【石家庄市栾城区聚满种植专业合作社】

石家庄市栾城区聚满种植专业合作社成立于2014年1月28日。成立合作社的初衷就是"聚人、聚钱、聚地;社员满意、政府满意、社会满意"。合作社实行"土地入股""保底＋分红"模式,到2019年7月,入社社员达到102户,入社面积达到909.53亩。合作社积极探索新的商业模式,把入股成方连片的土地注册成立家庭农场,坚持以特色产业作为切入点,打造极具吸引力的绿色、生态家庭农场示范基地,形成了"合作社＋家庭农场(示范基地)＋农户"的经营模式。合作社负责技术服务及售后环节,实行"五统一",即统一提供有机肥、统一提供优质品种、统一提供标准化种植技术指导、统一加工及品牌包装、统一销售,把生产环节留给家庭农场和小农户。几年来,合作社被授予"石家庄市农民合作社示范社";被农业农村部管理干部学院评定为"农合之星"优秀合作社;被中国名牌战略推进委员会、中国消费者权益保护委员会评定为"河北省种植行业十佳品牌合作社""现代农业优质品牌合作社""河北省农民合作社示范社"。随着合作社的进一步发展壮大,合作社开始搭建大的农服平台:与中国农业大学计算中心、安徽省社会化服务联合会、栾城区农业农村局合作,共同打造中国农服"4S"店,以跨界思维管理现代农业,营造农业新气象、新业态。

【创业者故事】

贾同斌总是自豪地讲,石药集团"做好药、为中国"的理念影响着他,从核算员到组长,再到工段长20多年的石药工作实践磨炼了他的意志、提升了他的管理能力。从2005年开始,他利用上班闲暇时间做起了家电生意,由于服务好、价格便宜,家电生意越做越大。2014年1月,他与六户志同道合的乡亲携手同行,开始了聚满合作社创业之旅。

忘不了家乡的土地与温情

身在农村的贾同斌时刻感受着家乡父老的温情冷暖。进入 21 世纪，随着农村务农人员的老龄化，农村土地撂荒现象时有发生，将来谁来种地？国家出台一系列优惠政策，鼓励大家流转土地，实现规模经营。贾同斌敏感地捕捉到了来自肥沃田野里春天的信息。他感到，在农村开展新创业，照样可以有一番作为。于是，这个曾经的大型国企的中层干部、家电城腰缠上百万的小老板，回到了家乡开始了第二次创业。他要带领乡亲们追求一条共同富裕的发展之路。

坚定方向，边试边干

万事开头难。妻子听说贾同斌要放弃年收入几十万元的电器专卖店专心办合作社的时候，她说什么也不同意。她认为放着好好的生意不做，办合作社就是"不务正业"。一边是从头开始的合作社，一边是妻子的强烈反对。一边是不分昼夜的劳作，一边是幸福安逸的小康生活。一边是成本投入周期较长、自然风险不可控、回本较慢、利润较低的农业，一边是智能互联网时代里工业品牌快消品，利润丰厚。面对这一切，他陷入了沉思，合作社怎么办？怎样才能办好？在农业领域，贾同斌还是一个"小白"，他什么都不懂，必须要从头学起，他深深地感到前面的路曲折漫长、困难重重，但他对自己的选择绝不动摇。

常言说得好，隔行如隔山。谁都不可能把所有的行业都吃透弄懂，更不可能所有的产品都由自己生产。常言说，民以食为天，食以安为先。人们渴望食品安全，但在日常生活当中，有些生产者将社会道德与诚信抛之脑后，而为了一己之私，将公共安全与他人安危抛之不顾。新鲜蔬菜，按规定打药后 7—10 天才可采收食用，而实际情况是前面不停地打药，后面不停地采收。而涉及食品安全的又何止蔬菜一种，用甲醛保鲜，用违禁农药杀虫、杀菌、除草等，哪一样不是对人体有害的？根本原因是经营者只顾追求产品品相好，能有大的收益。试想，张三把刚打农药的蔬菜卖给李四，李四把用甲醛处理过的鲤鱼卖给王五，王五把伴有烈性农药的小麦磨成面粉卖给张三……这样下来，整个社会就进入了一种没有任何道德底线的互害境地。舌尖上的安全岌岌可危。难怪有人这么说：现在的人，穿的是塑料，吃的是化肥农药，果实长得个儿大的，都是抹了避孕药，田里的垃圾包装袋 100 年也降解不掉。

　　面对如此现状,贾同斌思考的是如何破解这一难题,他自己应该做些什么。经过反复推敲和论证,他清醒地意识到,国家早就做好了战略顶层设计,那就是成立家庭农场及合作社,从而规范和约束个人行为。然而,要想办好合作社,必须有一帮志同道合的人才行。现在的乡村,不缺资源、不缺钱、不缺人,缺的是整合资源、整合钱、整合人的人才。于是,他就找到了远近知名的老会计程二丑商议,很快一支6人团队形成了。妻子反对怎么办?用他的话来说叫温水煮青蛙,慢慢适应。她干她的家电,他干他的合作社,互不干预。

　　然而,由于缺乏经验技术,合作社在刚刚振翅飞翔的时候,遭遇了寒流。在没有充分考虑市场的情况下,盲目扩大规模,技术也没有跟上,导致第一年种出的300多亩蔬菜品相差、产量低,尽管优质安全,但市场认可度低,没实现优价,合作社一开始就栽了个大跟头。

　　世上从来没有一帆风顺的事业,只有坚韧不拔的人。贾同斌团队没有被短暂的挫折和困难吓倒,他开始注重充电学习,他购买书籍、请教专家、参加培训班……不断用先进的知识武装自己。首次是2015年10月,中组部、农业部举办的"农村实用人才"培训班,他收获颇丰。他认识了河北省乃至全国许多有名的农业专家,为他日后的快速发展奠定了基础。2016年他又连续参加了农干院举办的"石家庄蔬菜班""武汉农机班"及在农干院举办的"年会班"。2017年、2018年他连续两年参加"聚力强社"学习,对每一次的学习机会都倍感珍惜,每一次学习都让他感到浑身充满了力量。

领头人必须要以身作则

　　人们通常说,创业难,尤其是中小微企业成功概率极低,通常在2%—3%。那是因为创业对创业者的综合素质要求很高,尤其是创业初期创业者需具备制定战略、整合资源、处理人际关系、制定详细规章制度等能力以外,还必须具备以下条件:其一,带出自己的狼性团队,要有敢闯敢拼、克服困难的精神和能力,如果优柔寡断、畏首畏尾,前怕狼后怕虎,是不会成就事业的。其二,要培养果断正确的决策力。当初若没有断然的弃商务农的决定,也不会有今天良好的发展局面,舍得舍得,有舍才有得。其三,创业过程中,创业者的学习力举足轻重,创业者必须要不断充电学习,提高自己,以使制定的决策没失误,规章制度不偏差。其四,公信力和执行力。创业者必须注意自己的言谈举止,从而提高自身的威信。具体到合作社来说,管理层及社员必须按照合作社规章制度办事,做到言必行、行必果,上下一心。要克服小农意识和自我意识,把合作社管理纳入现代管理轨道。唯有此,公司才能良好发展。其五,结果达成检索。根据任务完成具体情况,做出绩效评分,按照合作社规章制度测评形成工资报表。其六,创业要做到经济效益和社会效益相统一。贾同斌感到,在创业过程中必须坚持经济效益、社会效益的高度统一,合作社才能更好地发展,如果没有经济效益,社员将失去积极性;如果没社会效益,就会偏离市场经济方向,远离人民需求,也不能更好享受国家优惠政策扶持,发展将会举步维艰。

汇集要素,开始创业

2014 年 1 月 28 日,栾城县聚满种植专业合作社成立,起名"聚满"。他认为"聚满"有两重深意:一是把粮食作物聚到一块,就会粮仓满满。二是把人、钱、土地这些资源聚到一起,合作共赢,就会达到各界满意的效果。因此,取名"聚满"。

起步的头一年,贾同斌始终边干边思考。什么是合作社? 合作社应该怎样合? 怎样做? 怎样发展? 怎样规范? 怎样打造? 他坚信,只要功夫深,铁杵磨成针,没有做不成的事,只有不想做事的人。2014 年 12 月,他无意间在网上看到了"农合论坛",里面介绍的都是关于农民合作社的运营实操,他如获至宝,立即报名参加了 2015 年 3 月农合论坛第 80 届培训班。在班上他认识了河北省农业厅一级巡视员刘登高和品牌营销与策划专家韩志辉老师,他们在合作社后期发展中起到了举足轻重的作用。常言说得好,读万卷书不如行万里路,行万里路不如名人指路。

贾同斌学习回来之后,合作社召开了全体设立人大会,成立了理事会,设立了执行监事及财务监督小组,修改了合作社章程,制定了基本的财务制度及管理制度,决定承包 300 多亩耕地,种植绿色生态的辣椒、香菜等。

万事俱备,只欠东风。钱从哪里来? 大家大眼瞪小眼,谁也不作声,最后贾同斌全部出资。然而,天有不测风云。合作社第一年运作就出现巨额亏损。究其原因:其一,这些承包来的土地,管理层没有投入,疏于管理,责任心差。员工懒惰心理明显,消极怠工,效率低下。其二,种出的蔬菜虽然绿色生态,但品相差,没实现优价,产品附加值上不去。

如何破解? 合作社理事会成员各抒己见,众说纷纭。最后大家一致同意:变承包土地为土地入股,减少资金前期投入;变管理层人员为现金入股制;变工资制为岗位绩效考核制;与农业大专院校老师合作,提高种植技能。

制度定好了,落实是个大问题,管理层现金入股没有一个人兑现,怎么办?贾同斌再次把自己的全部积蓄拿出来,为大家垫上,当作大家的股份。

栾城县农业部门领导听到这个消息后,主动来到合作社指导,对合作社的发展给予充分肯定。当年,合作社社员干劲十足,2016年喜获丰收,合作社盈利了,社员和股东们按股分红。合作社被石家庄市农业局评定为"石家庄市农民合作社示范社"。一时间,村民土地入股热情空前高涨,社员人数猛增至104户。

实施"单品引爆",打造地标品牌

品牌不仅能提高经济效益,而且还能影响中国经济的发展实力。通过认真学习领会习总书记讲话精神,贾同斌及其团队改变了过去眉毛胡子一把抓的做法,从2018年开始,选定彩色土豆品种作为特色主导产业。其先后多次到甘肃、内蒙古调研彩色土豆的种植模式和方法,研究彩色土豆品种的改良,并结合当地得天独厚的富硒土优势,采取绿色种植方式,完善了彩色土豆种植规程,把农产品种植流程化、绿色化、规范化。"栾城黑土豆"成为当地著名品牌,产品远销南方大多数省份,供不应求。品牌打下了坚实的基础,影响力逐步攀升,品牌拉动经济效益逐步显现。

用工业管理理念打造农业服务的"聚满"模式

第一步,整合资源。合作社成立之初就非常重视战略顶层设计及规范化运作,以土地经营权、知识产权、农机具及农产品折资入股的形式,把资源变成资产;以现金入股的形式,把资金变成股金;以村民劳动力入股的形式,把村民变成股民;再通过财务公开、民主管理、成员大会、一人一票等方式大大增强了农民与合作社之间的利益联结机制,有利于逐步形成命运共同体(利益共享、风险共担)。"合作社+农户"形式正式形成。

第二步,示范带动。合作社积极探索新的经营模式,把入股到合作社成方连片的土地再"反租倒包"给愿意种地而且会种地的家庭,成立注册家庭农场,通过规模种植,起到引导示范作用。这样合作社成员结构就发生了新的变化,"合作社+家庭农场+农户"的经营模式诞生。目前合作社内已经注册3个家庭农场,承包土地300多亩,成为广大社员的标杆。

第三步,品牌效应。2016年,合作社积极响应国家供给侧结构性改革的要求，进行种植产业结构调整。经过全国各地走访、调查，决定以彩色土豆、中药材、姜、大豆作为产业结构调整的主要产品。随着农产品品牌化的发展，合作社彩色土豆品种得到大面积推广，合作社还注册了"智农福"商标，为农产品品牌化打下了坚实的基础。

近年来，"合作社＋农场＋农户"的"聚满"模式显示出强大的生命力，农户由最初的 6 户 30 亩发展为 102 户 900 多亩，注册 3 个规模农场。

建立全国首家公益性与经营性相结合的农服"4S"店

贾同斌积极参加全国、各省、各市举办的农业、合作社、农产品等高峰论坛及产销对接会，拓展合作社农产品销售渠道，把每一次出行都当成学习的机遇，拜访老师、请教专家。他积极探索"互联网＋"模式，并先后加入"一亩田""益农社""邮乐购""村网通""三宝铺子"等电子商务平台，用于农村优质农产品上行及下行。2016 年注册微信公众号"聚满种植合作社"。通过与电子商务平台的合作，解决了一直以来合作社只会种植、不会销售的难题，逐步从单一的线下销售向线上线下融合销售的 O2O 模式转型升级。

此外，贾同斌依托中国农业大学计算中心、安徽省社会化服务联合会、栾城区委区政府、栾城区农业农村局建立公益性与经营性相融合的中国农服"4S"店。目前，栾城区委、区政府已经签约，正式运营聚满合作社，这个平台将把乡土人才、农业技术人员、农业大型机械全部纳入平台，农民只要在生产销售任何一个环节下单，就有最近的服务人员上门服务，实现了农产品统一供给、统一销售。

【创业总结】

坚持正确导向

"正确地认识自己，做今生有意义的事。"贾同斌的三观思想对他创办合作社有着重要的意义。他始终坚持公益性和效益性相结合，不仅赢得了上级领导的好评，也得到了政策的大力支持。

不断学习创新

贾同斌不断学习，使得聚满合作社插上了腾飞的翅膀。2017 年与 2018

年,经过层层筛选,他连续两届成功入选农业部管理干部学院举办的"聚力强社"合作社领军带头人培育计划,成为"聚力强社"一期、二期成员,并先后两年分别荣获农业部管理干部学院"农合之星"优秀合作人物、优秀合作社称号,成为中国农业大学全国合作社固定观测点之一。一个小小的农村合作社开始与国家顶端农业组织接轨,打造农服"4S"店,步入了发展快车道。

魏秋香
用知识改变命运的乡村大学生创业者

　　创业是一场苦旅,面对家庭与事业上的困难,魏秋香选择面对与挑战。她通过自学与积极参加各种培训,不断积累经验,在江西省"一村一名大学生"项目中顺利毕业,回乡后积极筹建了乐平市乡村大学生创新创业协会,并担任会长。在与协会会员互动的过程中,魏秋香与大家共同一步步开阔了视野,多了一份干劲,更增添了一份自信。

【个人简介】

　　魏秋香,女,1972 年 9 月出生于江西省乐平市众埠镇莲塘村的一个普通农民家庭。1995 年,魏秋香通过众埠镇应聘考试进入莲塘村委会工作,担任妇女主任、计生专干。2001 年,她承包果树,从事农业。2009 年,她成立乐平市百绿果业种植专业合作社。2013 年春,她参加江西省广播电视大学行政管理专业班的学习。学习期间,在江西省广播电视大学助力下,魏秋香创办的百绿果业基地被批准为电大"一村一工程"早熟梨种植教学实践基地。她带领大家成立百绿果业技术服务队,深入到其他果业基地开展一系列生产技术服务,解决其他基地燃眉之急,并荣获"国家开放大学优秀毕业生"称号。2016 年 7月,魏秋香创建了乐平市乡村大学生创新创业协会,并担任会长。

【创业感言】

　　在农村基层工作 20 余年,从事农业 18 个年头,当了 30 余年的农民,农村就是我施展的大舞台。习总书记在党的十九大报告中提出要培养造就一支懂农业、爱农村、爱农民的"三农"工作队伍,这为我们指明了今后的发展方向。

作为一名中共党员、新时期的新农人、"一村一名大学生"工程的受益者,我将会用我所学到的专业知识更好地服务于农村、奉献于社会,为推进社会主义新农村建设,建设和谐秀美乡村,发展现代农业,实现农业增效、农民增收,不忘初心,砥砺前行。

我将以乡村大学生创新创业协会为平台,以创新创业孵化示范园为载体,引领、帮助更多的乡村大学生实现创业梦想,发展生态绿色农业,结合美丽乡村建设,第一、第二、第三产业融合及乡村旅游等,为乡村大学生搭建一个干事创业的"大舞台"。

创业者既是实践者,也是探索者。乡村,不仅给了我这样的乡村大学生肥沃的创业土壤,也给了我们不断探索创业新思路的大舞台,学会用新理念、新思路改造传统产业,传帮带更多的新型职业农民。乡村振兴、扶贫攻坚成了我新的梦想和奋斗目标。我也将在乡村振兴的舞台上演绎自己,升华自己,传播现代文明,引领先进文化,创新创业,带动农民全面小康,发展壮大村集体经济,建设和谐秀美乡村,打造区域公共品牌,帮助更多的贫困农民脱贫致富,为实现推进农业现代化建设、实现乡村振兴而努力奋斗。

【组织简介】

乐平市百绿果业种植专业合作社现有早熟梨种植面积 1500 余亩,杨梅 300 余亩、绿化苗木 200 余亩等。年产水果 200 余万斤,年销售额 2000 余万元,辐射带动农户 1100 余户,果农年人均纯收入 2.3 万余元。合作社相继被评为"景德镇市农业产业化龙头企业"、"江西省电大农民大学生创业孵化示范园"、"全国巾帼脱贫示范基地"、"全国巾帼文明岗"、全国"合作社＋农户"旅游扶贫示范项目、"国家农民合作社示范社"、"江西省优秀科普示范基地"、江西省"三八"绿色工程示范基地、景德镇市休闲农业示范点、"景德镇市生态农业科技示范基地"、景德镇市"三培两带两服务"示范基地、景德镇市"一村一品"示范基地、"乐平市劳模创业创新基地"等。

【创业者故事】

始料未及的苦难

童年的魏秋香,虽然天分较高且勤奋好学,但家庭却负担不起她到城里读高中的学费和生活费。初中毕业后,她就开始去外地工作。20 世纪 80 年代末,沿海开放地区出现了办厂热,魏秋香去了福建晋江的一家制鞋厂工作。3 年后,到了待嫁年龄的魏秋香回到了莲塘村,与同村小学同学魏海灿结婚生子。丈夫在村里任出纳会计,后又转到众埠镇养路队工作,夫妻俩过着平淡却又美好的生活。

2001 年,平静被打破。丈夫魏海灿下岗,家中少了丈夫的收入,生活开始变得窘迫起来。就在这个时候,魏秋香萌发了和丈夫种植果树的念头。莲塘村地处丘陵山区,周围有长期荒芜的大片坡地,且山地基本以红壤土为主,平坦肥沃,非常适宜果树生长。她先后到浙江省仙居、富阳、临海等地考察,并请来专家进行指导,决定种植我国南方优质早熟梨——翠冠。最初的 50 亩山地,成了她的"试验田"。大到梨园的整体规划,小到行距、株距的合理安排,她都一一从头学起。外出学习时,别人逛商场购物,魏秋香却悄悄钻进书店,选购种植书籍、光碟等。看到梨苗一天天地长高,魏秋香的心里比蜜还甜。

可就在两人准备大干一场的时候,丈夫却因为尿毒症病倒了。2002 年对魏秋香而言是最为艰难的一年,为了给丈夫治病,她欠了几十万元的债,和丈夫一起来到上海就医。因为肾功能衰竭,丈夫必须马上换肾,在等待肾源的日子里,魏秋香一天三餐吃着方便面,陪在丈夫的身边。

创业是场艰苦的征途

好在苦心终于等到了回报,丈夫等到了适合的肾源,换肾之后的丈夫日渐康复,但不能从事重活,天文数字的债务需要偿还,孩子还小,需要日常照顾,果园同样需要维护,这些事情如大山般压在了魏秋香的身上。她一边照顾家人和果园,一边在村里上班,还兼职了卖保险以及给人做衣服的工作,凡是能赚钱的活她都要去尝试。

随着日复一日的辛苦劳作,魏秋香的债务在慢慢减少,到了 2007 年,果园也终于迎来了大丰收,数 10 万斤的翠冠梨压在枝头,让人喜不自禁。但如何才能把这么多梨子销售出去呢？魏秋香可不会自己等着买家上门，她跑遍浙江、福建的果蔬市场，终于在福建最大的水果市场找到了销路，魏秋香每天早上安排工人采摘，晚上 8 点发车，第二天凌晨 4 点抵达水果市场，如此这样把十几万斤的梨子全部卖掉。

到 2009 年，魏秋香在当地已经是小有名气的种植大户了，这一年的 6 月，魏秋香联合附近农户成立了乐平市百绿果业种植专业合作社。她用自己积累的技术与人脉，帮助社员一起成长。这期间，魏秋香仔细琢磨梨子套袋栽培技术、化肥施用技术，还研究出了简易防鸟网，翠冠梨品质不断提升。2013 年，魏秋香在合作社的基础上注册成立了江西省白绿农业发展有限公司，在专注基地建设的同时，也打品牌、闯市场。为了提高产品的知名度和影响力，合作社注册了"远甜"牌商标，通过了江西省无公害农产品的产品、产地认证。翠冠梨的价格也从最初的 1.8 元一斤，卖到了二三元一斤，再到四五元一斤，随后一直涨到了 2018 年的 10 元一斤。如今，合作社的翠冠梨种植面积扩大到了 1500 多亩，社员增加到了 113 人，年销售额达 2000 多万元，于 2016 年获批成为国家示范社。

创业中不断地挑战自我

多年的打拼让魏秋香品尝到了农业的艰难与甜蜜，如果没有做农业，她不会像现在这样的辛苦，但如果没有做农业，她也不会有如今的成就。从小就聪明好学却中途辍学的她最羡慕有知识的人，她懂得知识改变命运的道理。在经营梨园的日子里，魏秋香始终不忘学习农学知识，不但研读农学方面的书，也参加各项培训，向他人学习种植经验。2013 年，因为有幸参与江西省"一村一名大学生"工程项目，魏秋香被江西广播电视大学录取，就读行政管理专业。两年后，魏秋香毕业，积极筹建乐平市乡村大学生创新创业协会，并担任会长。在与协会会员互动的过程中，魏秋香进一步开阔了视野，更增添了一份自信。

【创业总结】

勤学技术勇于创新

在发展翠冠梨种植的过程中，魏秋香始终将科技创新放在首位。为了提高产量、提升品质,她不断引进新技术、新方法,创新管理模式等。在创业之初,为了尽快掌握翠冠梨种植技术,魏秋香通过订阅《中国南方果树》《农村百事通》等杂志,到网上找技术、学知识以及到浙江等地实地考察,先后掌握了梨树拉枝、授粉、疏果、套袋、修剪、施肥、病虫害防治等各个环节的生产管理技术,成了当地翠冠梨种植的"土专家"。

收获的季节,成群的鸟儿飞来了,鲜黄诱人的翠冠梨成了它们的美食。鸟害严重地影响了梨园的经济效益,是一直困扰梨农们的一大难题。2014年,魏秋香经过多方探索、研究和论证,率先在自家梨园成功实施防鸟网安装技术,完全杜绝了鸟害。她的梨园通过安装防鸟网,每年可以减少 10 多万元的经济损失。通过示范推广,当地 1000 多亩丰产梨园全部实施了这一新技术,有效地保证了梨园的丰产丰收。魏秋香还开始探索研究利用废弃梨树枝进行香菇培育技术,进一步延伸早熟梨的发展产业链。此外,她还在幼树梨园实施果蔬套种等新型的耕作方式,最大限度开发果园的经济效益。

服务果农尽心竭力

"只有带领村民依靠科技勤劳致富,过上好日子,才能建设好新农村。"魏秋香这样说,也是这样做的。为了吸引更多的群众加入到种植翠冠梨的致富道路上来,同时尽快掌握翠冠梨种植技术,形成产业规模,提高经济效益,魏秋香免费发放果树种植技术等资料 1.2 万余份,每年举办五期以上果树种植技术培训班,还聘请了省农函大专家为技术顾问,定期到各果场现场技术指导,大大提高了广大果农种植技术和管理水平。

为了更好地服务广大果农,她还成立了百绿果业技术服务队,经常深入到一些基地为果农们提供技术服务,如拉枝、授粉、疏果、套袋、修剪等等,她都亲力亲为,手把手传授,为他们排忧解难。现在的魏秋香已成为当地果农心中最贴心、最直接的翠冠梨种植专家、科技能人。百绿果业基地也已经成为当地果农的"致富靠山"。近些年来,魏秋香共免费向贫困农户发放 2 万多棵梨苗,助力精准扶贫,支持贫困户以劳力、土地以及生产工具等入股,带动贫困建档立卡户 26 户。

充分挖掘梨园之美

"春来了,万物蓬勃。梨花枝头俏,大地为之生春,山河因此增色。莲塘百果园的美,美得如此让人心动……"梨花俏,梨园美,信步其中,有赏不完的春光美景,人们可以赏花、摄影、写诗、作画,收获了对未来的信心和甜蜜。

为挖掘果园的经济发展潜力,魏秋香倾注了大量心血,结合梨园花开时节,千树万树梨花开满枝头的美景和丰收时节收获的场景,将这些梨园打造成了观光、采摘、休闲、旅游的生态农业庄园。在这一过程中,魏秋香与协会成员进行了充分的互动。在梨花盛开的时节,魏秋香就会邀请协会成员到梨园赏花;在梨子成熟的季节,也会邀请协会成员来此品尝梨子,扩大梨园在当地的知名度。魏秋香通过积极发展休闲农业、观光农业、生态农业等,进一步延长农业产业链,提升农产品的附加值,打造集示范推广、科普培训、观光旅游于一体的省级现代农业示范园区、田园综合体等,促进农村产业融合发展。

于春风
执着梦想勇于创新,坚守初心奉献"三农"

兰花是中国十大名花之一,与梅花、竹子、菊花一起列为"四君子"。与兰花的结缘让于春风能够深入去认识、了解兰花的精神,并由此坚定地投入到兰花种植事业当中。在合作社发展中,于春风通过传承兰花文化、发扬兰花精神、打造兰花品牌,结合"农户十公司"经营模式促进农民增收,不断用兰花的精神推动合作社的快速发展。

【个人简介】

于春风,女,汉族,1980年3月出生,山东德州人,毕业于山东农业大学园林专业,本科学历,中国民主建国会会员、中国兰花协会常务理事、山东省兰花协会副秘书长,2016年,荣获"山东省林业科学先进工作者"称号。

【创业感言】

我的创业经历也是自己成长的过程,我能走到今天,最离不开的是坚持的力量,内心种下的梦想时刻在召唤自己永不放弃。

我要时刻关心客户的需求和市场的需要,也要时刻想着帮助客户解决问题,做最好的自己、学最好的别人。

【组织简介】

济南幽兰花卉苗木专业合作社于 2011 年 5 月注册成立。截至目前,合作社已发展至会员 130 余人。2013 年,合作社开始注册商标,先后注册"大地幽兰""幸福花"和"王者香"。合作社获得多个国内、国际奖项,2014 年,参加青岛世界园艺博览会并获多个奖项;2016 年,参加唐山世界园艺博览会荣获金、银、铜十几个奖项;2017 年,参加中国第九届花卉博览会获金奖 1 个、银奖 3 个、铜奖 1 个、优秀奖 5 个;2018 年,参加中国林产品交易会获得金奖 2 个、银奖 1 个;2019 年,参加世界园艺博览会荣获金奖,主题"王者之香,齐鲁流芳"景观荣获兰花国际竞赛银奖。

经过多年的发展,合作社秉承"幽兰花卉让生活更美好"的理念,以国兰文化传承、绿色植物租摆、园林绿化设计规划和大型绿化工程养护为支柱,拥有了专业的管理经验和雄厚的技术力量,拥有相当规模的中、高级专业技术人员、养护管理人员及资深的室内植物组合设计专家,为发展国兰产业、花卉苗木产业及美化人民生活和生态环境做出了积极贡献;同时,也为合作社的农户带来了极大的经济效益,为农民的致富和新农村建设贡献了自己的力量。

【创业者故事】

于春风来自农村,在农村长大。小时候在奶奶家的院子里,她就和漂亮的夜来香、菊花、黄菜花等做伴嬉戏。跟着父母在田地里放小驴的时候,看到野葡萄迷人的样子,她用小手移种过几棵,也许就是这些看似不起眼的童年记忆,把美的种子播进了她的心里。

一次兼职,与兰花结缘

2003 年,一次机缘巧合,于春风与山东省兰花协会结缘了。虽然家人强烈反对,但是她还是坚持到省兰协兼职帮忙。当第一次看见这些质朴文静、淡雅高洁的兰花,闻到芳香四溢的兰香时,她就深深地迷上了兰花。在省兰协一边干一边学,不到一年时间,她就掌握了很多护兰、养兰的知识,还读了好几本"大部头"的兰文化书籍。正是这些古今文人雅士赏兰、咏兰、爱兰、写兰、画兰的独特兰文化滋养,修道立德,不因穷困而改节的兰花精神的激励,才让她毅然决然地选择了从事兰花种植事业的道路。

辛勤栽培，逐渐树立合作社品牌

"我们要坚持自己的初心和主旋律，还要吸取以前的教训，全面提高核心竞争力。"这是于春风创业至今始终坚持的最执着的理念。2013年，合作社开始注册商标，先后注册"大地幽兰""幸福花"和"王者香"。2014年，合作社参加青岛世界园艺博览会并获多个奖项，2016年参加唐山世界园艺博览会荣获金奖、银奖、铜奖十几个奖项。同时，她还积极提升个人素养，带动合作社走上更高层次的发展。2014年，合作社被评为省级示范社。2016年，她本人荣获"山东省林业科学先进工作者"称号。为了提高自身园林知识、经营管理能力，2015年，她进修了由国家林业局人事教育司组织的园艺师的培训并取得了优异的成绩。

多年来，于春风带领合作社与云南、贵州、湖南、湖北等省份大型兰花种植基地建立了稳定密切的业务合作；与山东林科院泰安分院等多家省、市科研机构组培、研发、推广兰花新品种；为多家省、市级企业量身打造优雅美好的环境，使国兰文化融入企业文化。同时，合作社还积极发展以兰花为主题的礼品花卉配送、花艺团体培训、花艺沙龙活动；联合"山东电视台农科频道"、《济南日报》等多家媒体走进省、市高校与中小学，开展兰花知识普及讲座30多场。"我希望能够多举办一些参观体验活动，让孩子们能够亲近大自然，发现植物生长的奥妙，体验种植乐趣，从小培养孩子的劳动兴趣，增加孩子的植物知识储备，提高孩子的动手能力，提高他们的观察、探索能力。"

于春风始终认为，"金牌银牌不如自己的品牌，金杯银杯不如自己的口碑"。合作社以"服务社会"为宗旨，秉承专业品质、服务至上、高度诚信的企业精神，传承国兰文化，倡导绿色消费，为泉城美化、绿化做最真诚、最美丽的服务，让泉城人民的生活更加美好。

【创业总结】

"千种痴情万爱心，摩天踏障觅灵根；归携几束蕙兰草，明月逐人香满身。"这首爱兰人的诗写尽了于春风创业的激情和辛苦。

2004年底，于春风第一次坐飞机。大多数人第一次坐飞机都是去旅游，而她却是去买兰花。"当时住的是最便宜的酒店，心里一直在想，跟家里要的钱千万不能赔了。为了节约成本,我就住在市场发货,这样总比飞来飞去便宜。"她挑选的兰花品质都是最好的,加上她还是当时山东唯一的兰花批发商,因此,她的兰花一直供不应求。

众所周知,经商之路并不平坦,生意场上瞬息万变。由于兰花太好运输,这种模式也非常容易复制,没有核心竞争力,于春风的好日子并没有持续多久。"后来,也没办法再做批发,因为单纯拼价格到最后只是让自己变成搬运工。"在东奔西跑的过程中,她发现了一个冷门生意——花卉租赁。于是,她把兰花打包一起向外租赁,又坚持到 2011 年。

经过多年的辛勤付出,于春风早已成了人人艳羡的"成功人士"。然而,她却一直坚守着这样的理念,"我是从农村出来的,我就是要为农民致富和新农村建设贡献力量"。

目前,于春风正在和章丘乡村振兴服务队进行对接。她希望可以通过对接,能够在村里落地一个项目,把村里的这块产业做起来,并且让农民实现致富增收。

事业起步,万事开头难

2011 年,山东省花卉苗木企业的代表去日本学习农会经验。通过学习交流,于春风第一次接触到了农民合作社。正是因为这一次的学习,打开了于春风的视野,也让她的花卉苗木事业插上了腾飞的翅膀。2011 年 5 月 19 日,济南幽兰花卉苗木专业合作社成功注册。合作社为农户提供技术支持、市场调度,同时也取长补短,解决了一些人才与资金不足的短板。合作社把上百家农户与千变万化的市场更加紧密地连在一起,进一步提高了农民抗风险能力和增收致富本领,大家在更高起点上一起抱团闯市场。

2018 年,因国家政策调整,公司营销场所被拆除,眼看着多年的心血付之东流,于春风又经历了创业过程中的一次重大挫折。然而,对于早已经过大风大浪的于春风来说,这只是一场经历,人生的又一个起点。"无论你是谁,无论你正在经历什么,坚持住,你定会看见最坚强的自己。"

让花卉文化和乡村振兴融合发展

产业振兴是乡村振兴的关键。幽兰花卉合作社成立的初心就是助农惠农,引领农村产业发展,助力农民脱贫致富。坚持立足农业农村,通过传播、挖掘中国传统国兰文化,以文化引领兰花产业发展,带动更多的农民脱贫致富，从而引领和推动乡村振兴。

今年6月5日，在章丘区曹范街道组织的"成立联合社，助力乡村振兴"的专题授课上，济南市幽兰花卉苗木专业合作社于春风社长作为特邀嘉宾，与参会专家及人员进行了交流互动，就深入探索"组织共建、资源共享、产业共有、发展共赢"的党建引领产业发展助推乡村振兴的新路进行探讨。于春风表示，今后将不断加大推动产业振兴的力度，推行"公司＋农户＋基地"的经营模式，实现农村发展、农业增效、农民增收，走出一条特色乡村振兴之路。

传承国兰文化，借智借力助推农业产业发展

兰花与教师，二者之间具有相同的内在品质。"师德如兰"，国兰以"寸心原不大，容得许多香"的气质，更显表达方式的高雅，以"国兰敬师"正逐步深入人们的意识，国兰已逐渐成为人们心中的"敬师花"。幽兰花卉合作社积极策划，走进省、市高校与中小学，开展兰花知识普及讲座30多场，与多所学校联合举行以"兰敬师"活动。

合作社与云南、贵州、湖南、湖北等省份大型兰花种植基地建立了稳定密切的业务合作；和山东林科院泰安分院等多家省、市科研机构组培、研发、推广兰花新品种；与多家省、市级企业合作量身打造优雅美好的环境，使国兰文化融入企业文化；发展以兰花为主题礼品的花卉配送、花艺团体培训、花艺沙龙活动。

倡导绿色消费，"农户＋公司"经营模式促进农民增收

目前，幽兰花卉合作社采取"农户＋公司"的模式，经营绿色植物品种百十余种，外形美观、品质优良。多年来，合作社一直与省、市多家企事业单位开展以"兰文化"为主题的花卉租摆，经过专业团队运用美学和风水学的设计，为趵突泉国家5A级景区、泉城广场、市博物馆等省、市级大型景区、活动展会进行绿化景观设计建设和大型工程养护，既增加了农户收入，又美化了泉城环境。

注重品牌推广，以品牌化推动农业供给侧结构性改革

"金牌银牌不如自己的品牌，金杯银杯不如自己的口碑。"合作社领先同行业注册了"大地幽兰""幸福花""圣人兰""王者兰"等商标，积极进行品牌推广。2014年，合作社被评为省级示范社，2015年"大地幽兰"被评为山东节庆推广品牌，2018年，在第七届山东文化产业博览交易会上获得"优秀展示奖"。

2011 年以来,幽兰花卉合作社取得了多项奖励。其中,在 2014 年青岛世界园艺博览会上获银奖 3 个、铜奖 2 个、优秀奖 6 个;在 2016 年唐山世界园艺博览会上获银奖 1 个、铜奖 8 个、优秀奖 8 个;在 2017 年中国第九届花卉博览会上获金奖 1 个、银奖 3 个、铜奖 1 个、优秀奖 5 个;在 2018 年中国林产品交易会上获得金奖 2 个、银奖 1 个;在 2019 年参加世界园艺博览会上荣获金奖,主题"王者之香,齐鲁流芳"景观荣获兰花国际竞赛银奖。

【创业总结】

兰花是中国十大名花之一,与梅花、竹子、菊花一起列为"四君子"。因为兰花品质高洁,所以又被誉为"花中真君子""王者之香"。国兰文化是中国优秀传统文化,其中的丰富哲学思想、人文精神、教化思想、道德理念对人们认识和改造世界有重要指导作用,可以为治国理政提供有益的启示,也可以为道德建设提供有益启发。作为一个爱兰、植兰、赏兰、咏兰之人,于春风一直坚持从兰花身上吸取道德的力量,并自觉塑造、提升、升华自身的人格与胸怀。

于春风带领合作社以"传承国兰文化、推动国兰产业发展"为己任,将自己的事业与合作社上百个农户的利益紧密地融合在了一起。在国兰文化的精神指引下,她带动全体合作社成员披荆斩棘、励精图治,将进一步扩大合作社的经营范围,提供行业上下游全链条服务。她力争 5 年内新增合作农户 200 家,把"大地幽兰""幸福花"和"王者香"做成济南乃至全省、全国花卉苗木界叫得响的品牌。同时,合作社还积极创建院士工作站,通过院士团队开发新的品种,从而进一步提升竞争力。

2020 年新冠肺炎疫情突发,医护人员作为人们健康的守护者,在疫情面前承担着比平时工作更高的风险与压力。在三八节和国际护士节期间,济南幽兰花卉苗木专业合作社为齐鲁医院的医护人员送去了鲜花,向他们表达节日祝福和崇高的敬意。"花卉是美好生活的一部分,也是美好生活的传播者,我们就是希望用这种方式向广大医护人员致敬,同时也给社会传递一份文明。"于春风表示。

深入挖掘和推广兰文化,用兰文化推动产业发展,随着绿色发展、绿色经济越来越受到重视,于春风必将带领济南幽兰花卉苗木专业合作社,让以"兰花"为代表,体现美、创造美的花卉苗木事业在新的时代创造新的辉煌。

张国峰
做乡亲们眼中"最可爱的人"

将芦笋这个当地少见但经济效益突出的作物引入太行山，让家乡的农民不用背井离乡也能获得不错的收入，是张国峰一直以来努力的目标。依靠自身过硬的技术，率先示范，规模从小到大，带动的范围也越来越大。他通过努力推动当地芦笋产业的发展，让乡亲们脱贫致富，在带动家乡产业发展的征途中，也践行着儿时做"最可爱的人"的梦想。

【个人简介】

"做一个最可爱的人，像先辈一样保家卫国！"

作为一名生于20世纪70年代末的热血青年，张国峰从小的愿望，就是成为课本中那"最可爱的人"。然而，因为种种原因，他没有能够成为一名军人。残酷的现实摆在他的面前，看着父辈"面朝黄土背朝天"的传统农耕生活，张国峰开始思考自己今后的路该怎么走。

前景似乎那么模糊，一切都没有标准答案。但冥冥之中似乎已经注定，张国峰的人生与事业，都和儿时的偶像有关。他同样成了"最可爱的人"，只不过，先辈是在烽火连天的战场上英勇拼杀，而他，则是在广袤的乡村大地上奋勇前行。

【创业感言】

创业并不是靠兴趣，也不是一时兴起，而是专注一件事情，在逆境中生存,坚持不懈地奉献青春。等待就是死亡,坚持就是胜利,无论经营什么都有佼佼者,要想从中脱颖而出成就骄人业绩,成为企业家,即便有智慧,也还要有坚持的决心。

【组织简介】

河南华淼农业开发有限公司于 2014 年成立,着力选种源、学技术、做推广,拿下了高品质芦笋育种独家代理权。随着公司品牌不断提升,其芦笋种植基地由河南省延伸到黑龙江、江西、广东、山东、安徽、山西、陕西等多个省份。

【创业者故事】

田间地头也能成就大产业

岁月不居,时节如流。与部队失之交臂的张国峰,怀揣着最初的梦想,苦苦找寻着自己的人生方向。

一个偶然的机会,张国峰在一场农洽会上认识了芦笋,莫名地,他对这个身材高挑、皮肤翠绿的农产品产生了极大的兴趣。随后的一次乡村考察,张国峰亲眼看见田间采收芦笋现场交易的壮观景象,这一幕深深地刺激着张国峰,他的人生方向就在这时逐渐清晰起来。

张国峰的家,地处太行山脉的丘陵地带,位置偏远闭塞,祖祖辈辈都以种植小麦、玉米等传统作物为主。土地收入微薄,村庄里的年轻人大多以外出打工为主,但缺少技术含量,仅仅能维持温饱而已;上了年纪的村民,只能守着贫瘠的土地,日复一日、年复一年劳作,大部分人都在贫困线上挣扎。

如果,让村民们改变传统的种植模式,将传统作物换成效益突出的经济作物,那么大家既不用背井离乡,也可以因地制宜脱贫致富,岂不是一举多得的好项目?已经对芦笋小有研究的张国峰,见识过这小小芦笋的大能量,也亲眼看见采收芦笋的壮观场面。他下定决心,将成熟的芦笋产业项目带回家乡,和村民一起致富,一起谱写乡村振兴的篇章。

一块古老而悠久的土地,和这块土地上走出的年轻人,就此开始了彼此成就而又互相扶持的创业之路。

让自己先成为专家

决心下定，说干就干。张国峰的第一步，就是先锤炼自身，他深知：干事创业，仅有一腔热情是远远不够的，自己必须成为通晓芦笋产业各个方面的"通才""专才"。

为了种好芦笋，张国峰联系从事芦笋产业的朋友，向他们学习取经，并到安徽、湖北等地，详细了解市场行情，全面学习种植技术。白天，他跑市场、跑田间地头；晚上，他如饥似渴地整理有关芦笋的书籍，进一步拓宽自己的专业知识面。

半年之后，当张国峰兴致勃勃再回到家乡时，他已经成了精通芦笋产业各环节的"芦笋通"。向村民宣传种植芦笋的好处时，张国峰了然于胸、手到拈来，他深入浅出地讲解，常常能博得大家热烈的掌声和认同的喝彩。

面对质疑，让事实说话

时间一天天过去，家人朋友中支持的人不少，但村民质疑的声音更多。张国峰有些沮丧，但静下心来思考：之所以有质疑声，主要还是大家对新生事物不了解，而他自己也对芦笋种植掌握得还不够透彻，没有给村民讲清楚其中的优势。为此，张国峰收拾好行囊，继续开始他的"芦笋取经之旅"。他奔走于山东、山西、河北、江苏等地考察，又与中国芦笋研究所的专家深入交流探讨。渐渐地，张国峰对芦笋项目有了全面而深刻的认知，也进一步坚定了他创业的决心。

功夫不负有心人，张国峰回到家乡试种了六亩芦笋，他将书本上学到的知识与自己在田间不断摸索实践出的经验相结合，边学边改，总结经验教训，终于见到了可观的经济效益。"那段时间，到我试验田里参观的村民，一茬又一茬，比地里的芦笋还多。"回忆起初创业时的情景，张国峰记忆犹新、感慨万千。村民看到了这六亩试验田的收益，真真切切见识了种植芦笋可观的经济效益，一传十、十传百，四邻八乡的村民纷纷主动找到张国峰，要求跟着学种芦笋。

2006年5月，张国峰自费包车，带领农户200余人到河北、山东等地考察，大开眼界的村民们一致认可了芦笋产业，首期就发展了500亩农田进行芦笋种植。

面对危机,唯有打造过硬产品

本以为芦笋种植发展会如顺水行舟般顺利,但新的问题出现了。随着种植面积的不断扩大,基地出现了采购的种苗品质参差不齐、芦笋产量不稳定、农民收益不均等情况,部分农户种着种着就悄悄退出了。当时,这一现象在全国普遍存在,而张国峰并没有"随大流",他深知:"想做好芦笋产业,必须坚持高品质,坚持打造出自己的特色。"

为此,张国峰与中国芦笋研究中心权威芦笋育种专家李书华教授取得联系,对方通过对张国峰本人的深入了解,以及对公司的实地考察,最终放心地将研发的新一代芦笋种子交给了张国峰。张国峰给种子取名为"华淼 F1",它具备抗病性强、色泽鲜亮、笋尖包裹紧密、耐低温、产量高等优点。这次合作,也成了张国峰事业发展的转折点和加速器。

如今,"华淼 F1"不仅在河南十几个地市种植,基地还延伸到黑龙江、江西、广东、山东、安徽、山西、陕西等多个省份,每年外销芦笋达 1500 吨。

坚守本心,让农户在发展中受益

要成为村民心目中"最可爱的人",仅仅做到可观的种植面积还远远不够,张国峰要做的事还有很多。

"2007 年是关键的一年,从那一年起,我们的芦笋种植从粗放型的集体种植,终于开始向规范种植转变。"回顾这些年的创业史,张国峰如数家珍。2007 年,他组织首批农户牵头成立了"鹤壁市芦笋协会",协会统一进行芦笋收购与技术管理,鹤壁的芦笋产业发展由此趋于规范。

当年春天,站在田间地头,看到一棵棵、一排排绿油油的芦笋从土地里冒出来时,张国峰的喜悦之情溢于言表:"辛苦投入的农户们,终于就要见到收入了。"他不敢怠慢,跑田间地头更勤了,他将自己掌握的芦笋种植知识倾囊相授,手把手教农户采收芦笋,和农户一起整理采回来的芦笋。

十几年了,回忆起那时繁忙的景象,张国峰欣慰地笑了。张国峰采购芦笋的价格从最初的一元到几十元,再从几十元到数百元,他始终坚持将最大的实惠让给种植户。看到农户脸上露出满意的笑容,看到乡亲们的生活发生着天翻地覆的可喜变化,张国峰心中的大石头才终于落了地。"我实现了最初的梦想,我带着大家增收致富了。"

"在事业发展的长路上,有些初心必须坚守,无论什么时候,种植户的利益必须得到最大的保障。"对张国峰来说,这片生机勃勃的土地,和土地上辛勤劳作的人们,是他最深的牵挂,也是他推动芦笋产业发展的初心和动力,他必须时刻警醒,努力坚持这份初心。

自我升级,用品牌打造发展护城河

接下来的发展之路,顺利得让张国峰都有些意外。"2008年,种植户最高亩产7000元,收入已经是原有粮食作物的几十倍。"新鲜芦笋进入了大型超市,2010年还登上了上海世博会这个全球关注的大舞台。两年内,芦笋价格一路走高,仅豫北一地,绿芦笋的种植面积就达到了两万亩。

看到了芦笋行业的巨大商机,众多商家纷纷涌入这个行业,超常规的高速发展,使得整个芦笋产业链陷入了无序竞争的惨烈境地。"收购商不断抬高价格收购芦笋,市场接受不了高价芦笋,引发全行业的崩盘,进而导致芦笋各个产业链的恶性循环。"部分种植户重量不重质,采收的芦笋质量大幅下降,造成鲜销市场一度陷入混乱。洞悉行业变化的张国峰经过深思熟虑后,于2014年在鹤壁市芦笋协会的基础上成立了河南华淼农业开发有限公司,并注册了自己的"华淼"芦笋商标。"不升级就没有出路,升级的首要保障就是品牌化。"张国峰深知芦笋品种的重要性,他根据多年的行业打拼经验,总结出了一套"亲近式"种植技术——通过无数次下乡亲近农户、讲解技术、与种植户沟通的经验,解决他们种植过程中遇到的种种问题。保障好源头,张国峰进一步扩充品牌文化内容,提升品牌含金量,在竞争激烈的芦笋市场独树一帜,打造出的"华淼"品牌,凭借规范的流程管理和过硬的产品质量,成为芦笋行业的金字招牌。

"品牌就是企业发展的护城河,无论市场竞争多么激烈,我们都能够凭借品牌的力量前行。也唯有如此,我们才能够实现自己的价值,以芦笋产业为依托,带动更多的农户脱贫致富。"在张国峰的内心深处,这片热土地上劳作的人们,永远是他深沉的牵挂,也是他执着前行的动力源泉。

着眼布局,集聚多方资源赋能产业链

2020年,一场突如其来的新冠肺炎疫情冲击着各行各业,芦笋产业也没能幸免。

危机面前张国峰依然很清醒:"所谓危机,必是危中有机、危中藏机,整个行业下一步发展的风口,可能就在这场危机中。"通过大量的市场调研,张国峰认为,高品质的芦笋在任何时候都能牢牢占据市场的主动权。当下需要做的,就是认清市场变化的本质,积极拓展销售渠道,线上线下齐发力。

"国家正在大力提倡,逐步形成以'国内大循环为主体、国内国际双循环相互促进'的新发展格局。在这一全新的经济发展思路下,我们的芦笋产业大有可为。"张国峰认为:一个成熟产业的发展必然要有足够的抗压能力,经历过市场充分历练的产业也必将焕发出惊人的成长能力。为此,张国峰致力于成立河南芦笋企业联盟,规范河南芦笋产业发展,使得整个产业链的发展拥有更强的抗压性和破局能力。

"要树立河南芦笋种植大旗,必须走品牌赋能发展之路。"张国峰带领团队,统筹布局了"河南芦笋1+4"发展规划,即以一个企业联盟为主,将全省芦笋产业规划为四个片区,豫南以芦笋深加工和研发为主,豫西为有机芦笋示范基地,豫东为规模化大面积种植基地,豫北为带动性示范种植基地。

同时,张国峰还在努力谋划,建立起覆盖良种研究、科技种植、深加工到新品研发及营销等全产业链的芦笋高端"智库",依托中国芦笋大健康联盟,积极争取各级政府扶持政策,联合全国芦笋科研单位及相关高校,"集聚各方面力量的芦笋产业,必将开创一个崭新的发展局面。"

【创业总结】

"生于斯长于斯,这片土地对张国峰来说,绝不仅仅是故乡这么简单。乡音乡情,尤其是这片土地上生活的父老乡亲,尤其是那些还没有脱贫致富的人们,他们既是他永远的牵挂,也是催他前行的动力。"对张国峰来说,努力推动芦笋产业发展,最大的成就,莫过于能够带领乡亲们脱贫致富,莫过于乡亲们信任的目光和认可的评价。

从这个意义上来说,践行儿时梦想的张国峰是快乐的,他是乡亲们口中"最可爱的人"。在广袤的乡村大地上,在新农村建设的征途中,他带领着大家快乐奔跑、奋勇向前。

第二部分

养殖业类案例

李惠平
一枚鸭蛋成就一番事业

　　在多年的创业历程中,李惠平见识到了品牌的力量,同时也认识到了品质的重要性。在合作社创办中,他严格按照"以服务社员,谋求全体社员的共同利益"为宗旨,始终坚持"科技、规模、服务、效益"的办社方针,积极引导示范农户致力于适度规模化、管理规范化的标准化养殖,带动周边 100 户农户,形成了集绿色生态链式养殖、家禽育种、蛋制品加工销售、农业休闲观光等于一体的产业化农民专业合作社。

【个人简介】

　　李惠平,男,汉族,1973 年出生,中共党员,江苏东台人,高中学历,现为江苏省东台市兴凤家禽养殖专业合作社理事长,东台市义工联合会主任委员、理事。李惠平先后获评盐城市十大农民创业标兵、江苏省乡土人才"三带"名人、江苏省百佳农民合作社理事长、东台市劳动模范,先后两次应邀去北京农业部管理干部学院开会培训,并担任班干组长。他也是浙江大学全球农商研究院乡村振兴千人计划研修班第三期学员。此外,他被评为 2018 年第二季度东台好人、第三季度盐城好人以及 2018 年度农业农村部优秀"合作人物"。

【创业感言】

　　回顾本人多年的创业经历,借用一位哲人说过的一句话最为合适,那就是"你可以放弃一切,但是不能放弃梦想;你可以不接受任何的东西,但不能不接受别人对你的关心"。梦想始终是发展的动力,社会各方面的关心一直是前进的依托。创业要不断地设立目标、锁定目标、达成目标;创业要有一颗时刻充满激情、活力的心,要善于瞄准政策取向,不断学习提升;创业更要抢抓发展机遇,保持清醒头脑,分析市场风险,摒弃"要是当年我抓住了什么机会也就不是现在这个样子了"的后悔,把不可能变为可能,使自己及合作社立于不败之地。

【组织简介】

东台市兴凤家禽养殖专业合作社于 2007 年成立,合作社注册资金 180 万元,现有养殖户成员 108 人,主要生产经营"万凤"品牌蛋品系列蛋制品,并长年为成员养殖户服务,收购养殖户的鲜禽蛋,并将其销往长三角地区。合作社于 2012 年承担国家农业综合开发项目——年产 1400 吨禽蛋加工项目,2013 年正式投产后,经过近几年的滚动发展,以及跑市场、找销路,现在合作社是上海联华、易初莲花、大润发江浙沪连锁超市的优质蛋品供应商,蛋品加工厂有 20 人长年就业,年蛋品加工销售额 1000 多万元。

合作社注册有"甸上人家""沙大帅""鸭荡湾""南鸭""东淘""万凤"等蛋品类商标,其中"万凤"蛋品系列商标先后获得了以下系列荣誉:2008 年合作社鲜鸡蛋通过农业部农产品质量安全中心认证,获准使用无公害标志,编号:WGH - 08 - 12084。2009 年"万凤"咸鸭蛋被评定为盐城市十大地产畅销品牌。2011 年盐城市农产品质量安全示范户"万凤"牌咸鸭蛋通过农业部农产品质量安全中心认证,获准使用无公害标志。2012 年合作社获全省农民合作社示范社。2013 年合作社一次性通过国家食品监督局验收,取得了食品生产许可证;"万凤"牌蛋品系列获盐城市名牌产品称号以及江苏名特优农产品(上海)交易会"畅销产品奖";《东台日报》以"创业者不问出处"为标题采访了合作社理事长李惠平。2014 年合作社被认定为国家星火计划项目单位,"万凤"牌蛋品系列获江苏农展会最佳人气奖及江苏名特优农产品(上海)交易会"畅销产品奖";"万凤"牌蛋品系列盐城市名牌产品称号通过复评;"万凤"牌蛋品系列获第九届农民合作社产品展销会"畅销产品奖",盐城市"知名商标"及全国"农合之星"品牌。

合作社被评为 2010 年盐城市农村科普示范基地,江苏省优质农产品网络营销示范店,省级财政项目蛋鸡生态链养殖示范基地,盐城特产商会常务理事单位,2011 年江苏省五好农民合作社。合作社成功中标国家农业综合开发产业化项目——10 万只优质蛋鸡养殖项目,2015 年荣获国家农业部农产品"加工示范社"称号,6 月 21 日李惠平被省农委通报表扬为全省百佳优秀合作社理事长。兴凤合作社为中国农业大学全国 30 家观测点之一,2017 年 5 月 14 日,中国农业大学博士生导师任大鹏教授、研究生田明等四人来合作社调研。2018 年合作社不忘初心,带领成员标准化养殖,积极投身社会公益事业。合作社档案建设被评二星级档案室。"万凤"牌蛋品系列被省农委认定为全省"十佳畅销品牌",成功通过 ISO22000 食品安全管理体系认证。2017 年合作社被评定为"东台市农村工作先进单位"。2018 年合作社成功评定为国家级农民合作社示范社。合作社经过多年的滚动发展,创新能力、技术改造能力逐年增强。

【创业者故事】

创业就是从"0"开始

创业从"0"开始,鸭蛋外观如"0",象征的是起点。合作社最初创业,正是从一枚枚鸭蛋开始。20 年前,合作社理事长李惠平高中毕业后,先随父亲在附近的台南镇供销社的禽蛋加工厂从事家禽养殖、禽蛋收购、加工、苗禽孵化,他头脑灵活、爱学肯干、虚心向有经验的老师傅请教,很快就掌握了孵化技术,成为父亲的得力助手。那时,他经常出差押车去江苏省高邮蛋品加工厂送鲜鸭蛋,看着高邮蛋品加工厂生产出的包装真空咸鸭蛋、松花蛋,有商标、条形码、品牌,并用卡车发往全国各地,心中羡慕不已,心里痒痒的,他当时就想,什么时候也能开个禽蛋加工厂,省得把鸭蛋送给人家加工? 其实,当时他什么都不懂,只是非常想办蛋品加工厂。27 岁那年,他听说海安县沙岗食品公司改制,对外发包,这激起了他的创业梦想,他当即向父亲借了一万元钱,只身来到了沙岗食品公司,从事鸡苗孵化和禽蛋收购、加工。由于缺乏资金和人脉,当时一年的收入只有几千块钱,还有两年亏本,但创办禽蛋加工厂做大做强的梦想及实现农产品产业化融合、向农产品加工业发展的思路一直激励着他。他坚持每年都订阅大量与家禽养殖、农产品加工相关的报刊杂志,了解最前沿的农产品信息及时政要闻,从中吸取知识营养,为将来创大业做谋划、做准备。

创业由"心"出发

做品牌农业,发展农产品加工业,说起来非常容易,真正做起来,并非想的那样简单,人家说十年磨一剑,李惠平是十年才走一步,单单凭想法是无法做成事的,机会总是给有准备的人。他时时抱着学习的态度,时时总结前人的失败及成功经验,一步一步探索才走到今天的规模,所以只凭发展农业的情怀,而不认真学习、认真探索,不时时调整自己,保持与时俱进的思想,是无法实现理想的。只有永远坚持创业梦想,不断调整创业理念,抓住人生机遇,及时修正目标,才能实现理想追求。

创业要随时做好准备

李惠平养成每天看国内外新闻的习惯,及时了解国内外形势,了解行业情况,以便做出准确判断。这不仅是为自己、为合作社下步发展规避风险提供思路依据,也为合作社发展集思广益。

创业过程中科技是第一生产力。平时多学习,多看本行业相关的报刊杂志,多了解外面的世界,及早根据市场、政策,做出符合市场规律的决定,才能与时俱进,只有紧跟市场前沿科技,才能永葆企业青春,也只有永远学习,不断更新科技设备,才能永立不败之地。

创业要总结前人经验,少走弯路。虽然说失败了可以重来,但不失败不是更好吗,失败了能东山再起有几人。所以,平时要多参加各种学习培训,以前是多订阅各种报刊杂志,积累知识、丰富自己、不走弯路,现在是每天必须上网浏览,看看外面的世界,对照自己的企业,多与本行业的同行接触,了解同行的想法与思路,供自己借鉴参考学习。

创业要永远跟着党走

没有党的英明领导就没有现在的美好生活,听党话、感党恩、跟党走。当初刚成立合作社时,政府部门只要有农业培训,李惠平都第一时间报名,积极参与、认真学习。培训时,他都坐在前排,以便能更好地听到教师的讲解,正是在一次次培训学习中,才逐步理清了思路,怎么创?怎么才能做大做强?怎样才能做好农产品加工?必须落实在行动上,所以,只有紧跟党的政策,才能及时调整合作社经营思路及发展方向。

品质要从源头抓起

创业者有梦,方能前行。创立自己的品牌,将农产品打入超市,做农产品加工是李惠平创业初期的梦想。当初在海安刚开始单独创业时,李惠平就体会到,只有科技才能引领产业加快发展,所以当手上有了空闲资金,他就及时更新科技设备,添置全自动电脑孵化机,购置台式电脑及运输汽车,使企业立即就上了一个新台阶,产品随即上了一个新档次。当初由于舍得花钱买全自动电脑孵化机的企业几乎没有(1 台 2 万元左右),而他的全自动电脑孵化机上马以后,苗禽出壳率、整齐度都有了质的飞跃,信誉度也大大提升,产品供不应求,他也有了"李大胆"的名声,赢得了同行们的尊重,创业之路也越来越宽广,生意真正起飞了。但他一直未忘记梦想,所以,当他的孵化场逐步走上正轨以后,他时时不忘初心、牢记使命,又开始追逐自己内心的梦想,2007 年积极响应地方政府的号召,为了更好地带动地方农民共同发展,与农民抱团发展、共同致富,他成立了兴凤家禽养殖专业合作社,多年的创业经验告诉他,家禽养殖是蛋品质量的源头,而市场是蛋品质量的考场,只有充分利用地方资源优势才能更好地闯市场,做好品牌农业、高效农业,发展农产品加工业。而农产品只有通过加工才能让初级农产品从根本上解决买难卖难的问题,也只有发展农加工业才能确保农民增产又增收。2014 年他参加农业部管理干部学院培训时,当时的农业部农产品加工局的宗局长在开会宣讲,中国农产品的产业化的出路在于加工业,这证实了他内心的想法,从此干农产品加工业的劲头更足了,他于 2017 年申请注册"万凤"商标和无公害农产品认证。从 2014 年开始,合作社建立了农产品质量追溯体系,成为当地首家开展农产品质量追溯的食品加工企业。合作社先后投入 50 万元以上,成立技术研发团队,并与江南大学食品学院进行"产学研"合作,整合合作社的地方特色优势和江南大学食品学院的科研优势。与此同时,他每年参加全国性蛋品大会以及各类农副产品和绿色食品展销会,及时了解和掌握国内外蛋制品生产的前沿技术和发展动态。合作社注重名牌产品、知名商标等创建,先后注册了"万凤""甸上人家""鸭荡湾""东淘"等系列商标,并成为盐城市乃至江苏省颇具知名度的地方名品。

不忍心白白贴了人家的牌子

在创业起步阶段,鸡苗孵化技术和禽蛋收购销售,很多东西得益于父亲的传授及老师傅们的指导,但到办了加工厂,还是主要靠向他人学习取经。2004 年底,在一次送草鸡蛋去南京六合区的一家农产品销售公司时,他看到了自己生产的草鸡蛋转眼贴上了别人的商标,一只鸡蛋售价增加了一倍。当时他心中创立品牌的意识更加强烈,经过一段时间的准备,他于 2007 年向国家商标局申请注册了合作社的第一个商标"万凤"。2007 年底,为带动更多村民共同增收致富,延伸产业链,减少市场风险,让农产品保值增值,他决定返乡领办东台市兴凤家禽养殖专业合作社,虚心向三仓、富安等地的优秀合作社学习,研究探索"合作社＋基地＋农户"的发展模式,实施"六统一"系列化服务,解决成员养殖户一家一户不能办或者办了不合算的产业环节,带动成员养殖户专心搞好家庭养殖,改变了过去单打独斗、经营业务单一的局面。此外,他于 2012 年先后申报省级蛋鸡规模化养殖项目及国家农业综合开发产业化项目——年产 1400 吨禽蛋深加工项目,积极向高邮蛋品加工同行学习、请教,使合作社蛋品加工逐步走上正轨,初步实现了自己的梦想。

处理好与地方政府的关系至关重要

2007 年下半年刚开始准备回家乡筹办养殖场时,李惠平切实体会到地方政府的关心,从养殖场选址到用电、用水、道路,再到后来申办执照及相关手续,他深深感受到地方政府相关部门对农民兄弟的关爱之情、帮爱之心及周到服务。这才使他下定决心,成立合作社,与周边养殖户抱团发展。合作社养殖孵化场投入运营后,2009 年 5 月,他着手新建标准化草鸡生态放养示范基地,引导成员发展标准化、规模化、现代化养殖,促进成员养殖的禽蛋更加安全、营养、美味。而合作社也能更好地解决后顾之忧,专心做好市场营销。当时合作社鲜鸡蛋先后进入了本地国贸连锁超市集团、新合作超市集团、苏中大厦等大型连锁超市集团。正是合作社的良好示范,2010 年,合作社成功新建了省级养殖示范项目——蛋鸡生态链养殖示范基地建设项目,初步实现了规模化养殖,解决了蛋品质量的后顾之忧,为进一步扩大市场增加了后劲。

2011 年,随着蛋鸡养殖规模的逐步完善,销售的不断推进,合作社的各项工作有序进行,蛋制品加工提上日程,他多次去高邮考察、取经、学习,组织成员去苏州、无锡、上海市场调研,决定尽快新上蛋制品加工生产线。

李惠平与地方政府部门沟通协调土地、环保、立项等相关手续,完成了征地、立项等前期准备工作。2012 年,合作社加快蛋品厂生产厂房的相关手续完善,专门成立了蛋品厂筹建小组,负责跟踪协调厂房、生产设备、技术工人培养,合作社与当时的东台市质量监督管理局主动对接,请他们参与厂房设计、设备购置、生产工艺流程顺序等相关蛋品生产的全程指导。经过一年多的生产厂房建设、蛋品生产设备安装调试、生产工艺流程、组织工人进行岗前培训,2013年下半年,合作社筹备多年的蛋品加工厂正式投产运行,该项目的投产运行,不仅对合作社后期的可持续发展具有重大意义,也为合作社养殖户提供了根本保障,在鲜禽蛋市场低迷时打开了时间差,从而确保养殖户减少亏损,更为合作社大大增加了经济效益。该项目完成后,合作社成为全省首家以合作社为主体创办的农民加工合作社,起到了地方示范作用。所以,合作社被评为全国首批农产品加工示范社。

由于合作社的可持续发展战略的成功,李惠平几乎每年多次随同地方政府相关部门参加各种类型的农业展览会。2017年9月24日,由地方政府部门推荐,他参加了在北京的中国第十五届中国国际农产品交易会,现场参与西部山区失学儿童的扶贫捐赠,由于蛋品质量优良,品味俱佳,销售现场火爆,引起了媒体的关注,他随后接受了中央电视台第七频道农业节目的专访,盐城电视台以"'鸭司令'李惠平升级'鸭老总'带领上千农户致富"进行了专题报道,引起了轰动。

2018年,合作社作为农业方面的杰出代表,与时任市委书记的陈卫红去上海参加了农业招商展销。为进一步做大做强产业,当年底,合作社引进蛋品业内经营大户,吸纳社会资本参与,与上海海洪禽蛋有限公司、上海丽莎盛禽蛋公司三方进行股份合作,组建区域性、行业性联合体,新上三条生产线,并邀请全国知名的蛋品专家驻厂指导,联合重组新的面向全国的销售公司,实行"共同出资、共创品牌、共担风险、共享收益"的服务机制,使合作社的产品在长三角地区大大增加了市场份额和话语权。合作社联合经纪人和蛋商们共闯市场。

李惠平多次参加农业部管理干部学院、江南大学和浙大农商研究院的培训学习,在学习中他改变了思路、提升了个人素养、开拓了眼光思维,他认为必须坚持依新靠党的方针指引办社强社。与时俱进、"三个代表"中心思想、新时代中国特色社会主义思想为办社之本,他精心塑造出了合作社学习、创新、拼搏的精神,组建、打造了一支赤脚上岸的新农人队伍。依照新的农民合作社法相关法规,每年11月合作社周年庆时召开一次社员大会,讨论当年家禽养殖、禽蛋加工生产中存在的不足,并就下个年度家禽养殖、禽蛋加工生产中的问题及发展思路共同规划,对重大发展事项进行商讨,必要时投票表决,通过按股分红、按交易量分红的相应规程提高合作社成员养殖积极性。合作社规范执行财务会计制度,科学分配盈余,2018 年底和 2019 年底分别向社员分红 15.25 万元和 20.26 万元。2014 年 5 月,江苏文明网以"东台李惠平:延伸产业链拓宽财富路"为题进行报道;2014 年 11 月,《东台日报》以"创业不问出处"为题进行了报道;2016 年 11 月,江苏文明网又以"东台:小蛋品创出大效益"为题为合作社做了宣传;2017 年 2 月,《中国科技报》以"万凤蛋品,鲜到万家"为题对合作社蛋品质量进行了全方位报道,同年 3 月《东台日报》以"他把小蛋品做成了大事业"为题做了宣传;同年 9 月《盐阜大众报》、《盐城晚报》以"时堰咸鸭蛋走上国际舞台"为题,报道合作社代表东台市到北京参加第十届国际农业展览会并接受央视七套农业节目采访,进行了相关宣传报道;盐城电视台以"'鸭司令'李惠平升级'鸭老总'带领上千农户致富"为题,报道了理事长李惠平带领农民共同致富的相关内容;2019 年 5 月,《盐城晚报》又以"东台的这位劳模热心公益,他谦虚地说:'我只是做了些实实在在的事'"为题进行了大幅宣传。据相关统计,相关电视新闻媒体累计报道合作社及理事长 30 次以上。

诚信经营,精益求精

在创新创业过程中,李惠平始终秉持诚信经营、诚信服务的原则,狠抓产品质量。合作社成立以来,他先后建立了无公害蛋禽养殖规程,绿色食品生产操作规程,蛋制品腌制、清洗、分级、抽真空、杀菌、打码、装箱出厂等蛋品加工相关流程的生产加工程序,从而为产品质量提供了保证,合作社蛋品加工厂充分利用东台沿海滩涂养殖优势,在传统工艺上秉承新时代的工匠精神,在生产工艺上,大胆创新,结合现代高科技而成的精品海鸭蛋,承前启后,生产的真空熟海鸭蛋,大自然滩涂放养,自然结合海潮涨落,天然纯朴,在经三级清洗、蛋品分级、灯光检测、真空包装,最后高温 121 摄氏度杀菌 30 分钟等18 道工序,蛋白如玉、鲜美细嫩、松软可口,蛋黄咸香、油多四溢、入口清香,让人回味无穷。在制作松花蛋方面,合作社从湖北高薪聘请皮蛋师傅。合作社在生产工艺上以传统工艺结合现代科技,优化配方,从而更符结合现代人对蛋品口感、美食的追求,使蛋品质量精益。经传统工艺、精良配方腌制而成的蛋品,色、香、味俱全,具有细嫩、鲜美、口感清凉、回味无穷等特点,并做到每个批次全部化验检测,从而确保品质始终如一。蛋品不仅进入了上海联华超市、易初莲花超市、苏州大润发、南京苏果超市等长三角大卖场,也远销江西九江联盛商贸等大卖场。2017 年端午节后,李惠平与苏州某经销商企业合作,送去了一批咸鸭蛋,结果苏州企业在几个月后的中秋节前才想起这批货物,查看时已经快到保质期了,有部分蛋品品质下降了。对方自知理亏,准备自行降价处理,李惠平得知后急忙予以制止:"不好的全部销毁,损失全算我的,可不能因为蛋品质量影响了信誉。"对方是负责苏州多家高校与单位食堂的独家供应商,他们被李惠平诚信经营的理念所打动,与合作社签下了长期独家合作协议。类似这样的例子还有不少,正是由于与社员、经销商以及客户的诚信合作,合作社的发展之路才更加坚实。

正是由于产品良好的质量及消费者的口碑,"万凤"蛋品连续三次通过"盐城市名牌产品"认定,获评盐城市知名商标、2018 年江苏省农委十佳消费者信得过农产品、2019 年"农合之星"。近年来,李惠平还通过接触市内外知名电商平台,采取电子商务与微商相结合的方式,激发超市和消费者的热情,销量快速增长。

扶贫攻坚,奉献爱心

近年来,合作社深入贯彻落实省市和地方政府关于社会力量参与扶贫的安排部署,理事长李惠平加入了东台义工联合会,多次参与慰问残疾人、孤寡老人,走进敬老院等一系列助困活动,为他们捐款捐物。他也与地方学校沟通,并由他们提供困难学生名单,李惠平先后资助困难学生两名,并承诺资助他们到走上社会为止。从帮助贫困群众解决最直接、最现实、最紧迫的问题入手,充分发挥技术专长和优势,蛋品厂长期为周边困难家庭照顾招工三人,为周边困难养殖户免费提供种苗,提供技术帮扶,助他们走上富裕之路。每年中秋、重阳节期间,为合作社所在村 80 岁以上老人、五保户、残疾人送上一份关爱礼品,结对帮扶,以高度的社会责任感关心、关爱贫困群众,扶贫济困、甘于奉献,扶贫成效明显,多次受到地方媒体的报道,并受到社会广泛好评。

新冠肺炎疫情暴发后,为支持疫情防控,东台市兴凤家禽养殖专业合作社理事长李惠平时刻关注疫情的变化,及时向群众传递有关疫情的信息。他主动联系东台义工联,向湖北孝感市捐助鸭蛋 3000 枚,向镇政府捐助抗疫资金 3000 元,用于激励奋战在一线的基层工作人员,为打赢疫情阻击战尽了一个新农人的社会责任。

【创业总结】

在 20 多年的创新创业实践中,李惠平真切地感觉到创业离不开党和政府的政策支持,更离不开当地相关部门的关心帮助,同时也要时时抱着与地方百姓共同发展的理念,才能把合作社办好。办好合作社,既是一件好事,也是一件难事:一方面要有信心、要有梦想,另一方面也要敢想敢干、敢闯敢试。回顾创业历程,他觉得做好以下几个方面最为重要。

一是产品质量是硬核

要从小处做起、从点滴做起,刚开始做市场时,千万不能贪大求洋。产量必须与销量挂钩,必须一步一个脚印,做实做好蛋品质量,与合作社成员一起,在蛋品品质、口感、外观等方面下功夫,做好蛋品生产环节中的每一个细节,做细每一道生产程序,让蛋品更能贴近实际生活。只有让消费者满意,树立良好口碑,才能逐步打开市场,扩大销售量,走出江苏,面向长三角,放眼全国市场。

二是与合作社成员时时保持沟通、紧密联系

让合作社成员专心做好养殖,做到无抗养殖,零添加抗生素,保护价回收他们的鲜禽蛋,降低他们的养殖风险。年底根据合作社当年效益,合作社成员再参加本年度二次分配,只有这样,才能让养殖户专心养殖,而合作社和蛋品原料也才能令人放心,更能保证加工后的优质蛋品被推向市场。

多年来,合作社以遵纪守法、社风清明、诚实守信,赢得了地方各级政府的相关领导及广大养殖户和江浙沪各地经销商的一致认同与肯定,市场份额年年上升,在全省蛋品加工行业口碑好、影响大、合作示范带动作用强。中央电视台第七频道农业节目、《中国科技报》等 30 多家新闻媒体先后对李惠平的事迹进行了宣传报道。

新农人李惠平经过十几年的努力,取得了一定的成绩,这是他努力的结果,但是他说,这其中更是农业农村部管理干部学院、江南大学食品科技学院、江苏畜牧技术学院、苏州职业技术学院、浙江大学全球农商研究院培养支持的结果;是东台市委农办、市农委及东台市政府各级相关部门正确领导与指导的结果;同时也是合作社广大成员共同奋斗的结果。

周县华
一只麻鸡的致富路

作为一名农村长大的退伍军人,周县华肯吃苦,也愿意学习与思考。他通过自己独特的纯中药生态养殖方法,让家乡的特色麻鸡具备了更为鲜明的特色。在发展中,他大胆地找到马云谈合作,借助淘宝平台让崇仁的山草生态麻鸡飞向全国。在加入了当地产业化联合体后,又通过人才与技术的输出、生态标准的建立以及上下游的联结功能,带动联合体成员实现共同发展。

【个人简介】

周县华,男,汉族,1989 年 2 月 27 日出生,中共党员,巴山镇里坊村周家组人,2011 年退伍,2016 年成立了崇仁县山草生态麻鸡专业养殖合作社,任理事长,同年又成立了崇仁县右帮生态农业发展有限公司,任总经理。

【创业感言】

国家支持退役军人创业,我主要以崇仁县崇仁麻鸡开展了我的创业之路,并创建了高端品牌"右帮"崇仁麻鸡。每个人都可以进行创业,因为每一次成功的创业就是对社会生产力的提高,风雨过后是彩虹,我将以更坚实的步伐在自主创业的大道上阔步前进,相信在社会各界和政府相关部门的帮扶下,我们退役军人创业之路会越走越宽。

【组织简介】

崇仁县山草生态麻鸡专业养殖合作社及崇仁县右帮生态农业发展有限公司于 2016 年 3 月注册成立,其拥有生态崇仁麻鸡养殖场 900 亩,建有生态崇仁麻鸡育雏鸡舍 200 平方米,育成鸡舍 2000 平方米,产蛋棚 700 平方米,饲料仓库 150 平方米,办公用房 1000 平方米,其他附属用房 150 平方米,拥有高级畜牧兽医师 2 人,专业技术人员 2 人,养殖专业户 15 人,年饲养规模达 260 多万羽,带动 200 多户农户发展麻鸡养殖,吸纳 500 多户农户直接就业,年带动农户养殖麻鸡 1000 多万羽,总投资 2200 多万元。

【创业者故事】

周县华高中毕业选择了参军,2006 年入伍,曾在驻香港部队舰艇大队服役,2011 年 11 月退伍,之后在广州、深圳、成都、重庆、武汉等地多家企业打工多年。2015 年,他回到江西省抚州市崇仁县,开始向叔叔学习饲养崇仁麻鸡。

找准地方特色,钻研纯中药养殖技术

周县华高中毕业后去参军,2006 年入伍,2011 年 11 月退伍,然后到过很多城市打拼,他身上有一种肯吃苦的精神,也有一种不安于现状的心态。他后来成立崇仁县山草生态麻鸡专业养殖合作社,主要经营的范围为生态崇仁麻鸡养殖、销售服务及技术信息咨询。合作社依托自身研发的麻鸡纯中药防治养殖技术进行崇仁生态麻鸡生态养殖,运用该技术饲养的纯种崇仁麻鸡经江西省农业科学院畜牧兽医研究所 2013 年、2014 年两年的跟踪试验,经过对比检测,其鸡血清抗体及免疫球蛋白各项指标都明显高于常规饲养方法所饲养的纯种崇仁麻鸡,此外,以该技术饲养的麻鸡风味品质也有了很大的提高。

发展无公害农产品不仅符合我国无公害的高产、优质发展方向,也是市场发展的必然要求。发展无公害农产品不仅具有良好的社会效益、环境效益和巨大的经济效益,而且能够大大增强我国农产品在国际市场的竞争力。顺应人们对食品安全、品味越来越高的生活需求,周县华对麻鸡采取山间散养,不添加化学药品和激素饲料,运用纯中药防治疾病等一系列绿色养殖措施,使山草生态麻鸡品质真正达到绿色、健康、美味的要求,市场前景非常广

阔。合作社所在村没有工业污染,且水源充沛、环境优美,可利用丰富的草坡、林地放养,空气好又少细菌,可为山草生态麻鸡提供丰富的植物性饲料(嫩草、草根)、动物性饲料(昆虫、虫卵、蚂蚁)和丰富的微量元素,能充分满足山草生态麻鸡生长发育的需要。同时,"生态养殖模式"增加了鸡的活动量,有效地保持了山草生态麻鸡的原始野性。崇仁县特别适合山草生态麻鸡养殖,并且这里的交通非常便利,四通八达,便于产品的运输销售。为使山草生态麻鸡这一支柱产业得以发展壮大,造福广大人民群众,崇仁县人民政府出台了一系列相关优惠政策以支持麻鸡产业的发展,使山草生态麻鸡养殖占尽天时地利人和之优势,麻鸡产业必将得到良好的发展。

创业总是与困难和挑战为伴

对于创业,退伍之后的周县华也曾有过犹豫和困惑,不只因为刚刚结婚,妻子怀孕需要照顾,主要还是因为其他五个方面的担心:一是担心自己不懂养鸡技术,害怕在养殖过程中遭遇大规模的鸡瘟等传染性疾病;二是担心市场行情不好,鸡养多了销不出去;三是担心创业政策上不允许,毕竟养鸡会产生一定的环境污染;四是担心场地和资金问题。自家附近农户较多,场地有限,再说这几年同学、战友都在外打工,挣了不少钱,挺羡慕的,可自己手头却不宽裕,没有资金投入到办养鸡场;五是担心家里人不同意,因为大规模养鸡毕竟要担很大的风险,搞不好全家人都得跟着栽进去。

自己要拼,也要善于利用身边资源

回乡后,周县华首先找到现任劳动就业局的领导,表明了自己想在家门口创业的决心,希望得到政府的支持,主要是政策上和创业环境上的支持,县创业指导中心、小额担保中心和村、组干部以及当地村民都毫不犹豫地伸出了扶助之手。很快,在政府和亲朋好友的帮助和担保下,获得10万元贷款的周县华终于将养鸡场顺利地办起来了。在创业初期,他遇到了不少的困难和挫折,比如,鸡犯病时,在当地买不到治鸡病的药,无法及时准确地对鸡做出诊断,附近也无专业人员给予支持,不会配料、配量,消毒防疫措施不清楚,孵化技术、种蛋的选择、雏鸡的保温与饲养管理等等,这些方面他都是两眼摸黑,全然不懂,因此喂养的第一批200多只麻鸡全死了。

为了不让家里人担心受苦,周县华决心一定要把鸡养好、把鸡场办好,他想了很多办法,也加大了科技养鸡的投资力度。他先后赴武汉、宜昌及周边乡镇广泛考察养鸡场和销售市场,对科学养鸡有了一定的了解。

此外,周县华还专门买回了一台彩电和一套天线锅,每天坚持收看央视《农广天地》《致富经》以及其他地方电视台办的农业致富节目,购回《鸡病的治疗与预防》《麻鸡的饲养与管理》《禽蛋的孵化与雏鸡的饲养》等学习资料和一台旧手提电脑,通过悉心地学习书本知识和查阅网络资料,不断地提高自己科学养鸡的本领,特别是自身钻研的采用松针粉和腐叶土配合的饲养法,更是让他喂养的崇仁麻鸡实现了"好长快长"的目标,为养鸡事业插上了腾飞的翅膀。

跟阿里携手,让山草鸡飞向全国

周县华成立了崇仁县山草生态麻鸡专业养殖合作社以后,养殖户之间建立起一个统分结合、双层经营的机制,最大限度地调动养殖户发展原生态农业的积极性。实现销售收入1800万元,利润320万元。

因政府政策大力支持扶贫,又因山草生态麻鸡的养殖劳动强度低,技术操作简单,特别适合缺劳力、少技术的农村贫困农户进行脱贫致富,目前合作社与7位贫困户签订帮扶合同,用3—5年时间帮助他们脱贫致富。山草生态崇仁麻鸡养殖业发展壮大后,将成为崇仁县又一麻鸡产业龙头企业,并可大大提升山草生态麻鸡品质和经济效益。

科技培训和劳动力转移培训工作持续加强,根据项目安排,认真组织养殖户进行技术培训,让帮扶对象学技术,掌握一技之长,培训养殖户学习山草生态麻鸡养殖技术及家禽加工技术,大力提高养殖户的综合文化技术素质,为他们脱贫致富提供技术、资金、销售支持,以创造良好的经济效益和社会效益;同时还可以发挥辐射作用,带动一部分产业,比如种植和饲料加工等,努力让部分农民直接就业,使相当部分当地村民脱贫,并逐步过上富裕的生活。

同时,崇仁县委、县政府,县委宣传部及政府有关部门通过报纸、电视、网络、举办麻鸡展销会等形式,对山草生态麻鸡进行全方位、多角度宣传,在地、省、中央级报刊(《半月谈》海报版)发表文章,在央视一套《新闻联播》之前三分钟里宣传崇仁麻鸡,做到"广播有声、报上有名、电视有影"。2018年9月,他跑到杭州跟时任阿里巴巴(中国)有限公司的董事局主席马云谈合作,目前马云的山庄养育着他的山草崇仁麻鸡。后来他们在淘宝网上销售山草生态麻鸡,并于2020年的双十一进行了淘宝直播,做到了20万元销售量,让省、市甚至国外都可以吃到正宗麻鸡,让山草生态麻鸡飞向全世界。

风雨过后是彩虹。刚开始不懂这个行业，没接触过，不懂技术，周县华就找技术资料自学、通过广播电视学习、请教相关技术人员，在大家的支持下办起了养鸡场，实现了在家门口致富的梦想。有志者，事竟成。但是他并没有陶醉在创业道路上取得的成就，而是以更坚实的步伐在自主创业的大道上阔步前进，相信在社会各界和政府相关部门的帮扶下，退役士兵自谋职业者会越来越多，退役士兵创业之路会越走越宽。

2018 年 3 月，崇仁县山草生态麻鸡专业养殖合作社加入崇仁县"崇仁麻鸡产业化联合体"（以下简称联合体），联合体拥有麻鸡企业 3 家，麻鸡养殖合作社 20 家，家庭农场和养殖大户 36 家，社会化专业服务组织 2 家，养殖专业户 2600 余户，年出栏近 8000 万羽。相对于联合体巨大的产能和众多的大规模经营主体，周县华的合作社的养殖规模并不算大。这样一个规模偏小的合作社，何以在大主体林立的联合体内部占据一席之地甚至拥有话语权，并成为很多大规模主体纷纷效仿的榜样呢？事实上，该合作社通过一整套人才输出、技术推广、创新养殖技术与模式、做好成员服务等组合拳，慢慢形成了"小而精""小而强"的合作社经营特色。

以人才输出、技术推广在农业产业化联合体内部占据一席之地

技术是独立于经营规模外的产业发展要素和组织优势，只有拥有技术优势才能在多主体林立、多产量堆积的联合体内部以小博大，占据一席之地。周县华的叔叔（也是合作社成员）一辈子养殖崇仁麻鸡，是当地闻名的麻鸡技术员和家禽防疫专家，精通麻鸡养殖，在联合体内部负责育苗、疫病防控、饲养配比、消毒检查等工作，对保障联合体麻鸡养殖规模和疫病防疫至关重要，是联合体的常务理事长。合作社借助技术优势、人才输出、技术推广等方式，在指导所有成员成为业务能手的同时，慢慢在联合体内部确立了自己的技术地位。很多家庭农场和专业大户都来合作社取经，学习合作社成员先进的养殖技术与经验。

以生态标准模式、绿色技术创新践行"优质优价"发展之路

崇仁麻鸡是江西省"三大名鸡"之一，是崇仁县农业特色支柱产业。拥有优良的品种并不一定能产出优质优价的产品。联合体成立之初，各类成员仍然坚持高密度笼养观念，试图依靠数量，以薄利多销的方式挣钱。合作社率先在联合体内部提出了"生态养殖、绿色发展、品质致富"的麻鸡养殖思路，倡

议"林间生态养殖",采取山间散养,饲料不添加化学药品和激素,运用纯中药防治疾病等一系列绿色养殖措施,使麻鸡品质真正达到绿色、健康、美味的要求,市场前景广阔。

　　因地制宜推动形成生态标准养鸡模式。合作社所在村有很多林地、草地和坡地,水源充沛、环境优美,适合麻鸡放养。这些天然的草坡、林地,空间大、空气好、病菌少,可为麻鸡提供丰富的植物性食物(如嫩草、草种)、动物性食物(如昆虫、虫卵、蚂蚁)和种类多样的微量元素,能充分满足麻鸡生长发育的营养需要。同时,"生态养殖模式"增加了麻鸡的活动量,麻鸡成长于大自然、露宿于枝干间,有效保持了麻鸡的原始野性。为此,合作社还建成了"崇仁县山草生态崇仁麻鸡养殖示范点",示范点拥有荒山、荒坡、水面等900亩。在生态环境内长大的麻鸡,从肉质到营养,全方位得到了提升,麻鸡的售价因此提高了50%,真正实现了"优质优价"。合作社对所有成员和带动养殖户实行"六统一分"的生产管理,即统一规划建设、统一品种、统一育苗、统一技术、统一品牌、统一销售和分户经营,实现生产、加工、销售等多个环节衔接配套,使合作社与成员之间建立起"统分结合、双层经营"的管理机制,最大限度调动了养殖户发展原生态农产品的积极性。

　　创新开发绿色的防疫技术并形成技术规范。合作社创新开发了适合麻鸡生长的"纯中药防治养殖技术",运用该技术饲养的纯种麻鸡经江西省农业科学院畜牧医研究所2013年、2014年两年的跟踪试验、对比检测,其麻鸡血清抗体及免疫球蛋白等各项指标都明显高于常规饲养方法养殖的纯种麻鸡,麻鸡的风味品质也有了很大的改善。运用该技术饲养的麻鸡病死率显著下降,不仅节约了养殖成本,麻鸡的品质因为中草药的加持也能卖上好价钱,据测算,仅此一项,节约成本约15%,提升单价约20%。为推广这一绿色养殖模式,合作社与联合体等共同制订了《崇仁麻鸡肉鸡标准化生态健康养殖技术规范》,成为整个联合体生态养鸡的标准技术规范。由此,小社、高标、强技术的合作社印象深入人心。

制订生产计划、做好疫销服务,发挥好上联企业、下联成员的纽带作用

　　合作社上联农业企业,下接家庭农场、养殖大户、成员和普通养殖户,起到中介纽带作用,为这些主体提供产前、产中、产后服务。合作社每月初根据麻鸡产品订单及合作企业鸡苗供应情况,为成员及养殖户合理安排麻鸡养殖

计划。养殖过程中,合作社技术团队根据实际情况制订每批麻鸡的疫病免疫程序、药物预防计划,安排注射服务队负责落实到位,在麻鸡发病过程中给予诊断治疗。麻鸡出栏时,协调好销售各环节,如运输调配、抓鸡检疫、资金结算等。合作社专注于做好服务的好处在于,成员可以集中精力养殖好麻鸡,出栏更多高品质麻鸡。目前,成员年均出栏崇仁麻鸡15万羽,比原来增加7万羽。

合作社还承担了一些社会责任。为支持县扶贫工作,合作社积极开展崇仁麻鸡产业扶贫,参与制定了《崇仁麻鸡产业扶贫工作方案》,与李文峰、张汉云、邓风英、谢冬红、晏才孙、晏长龙、欧阳贤孙等7户贫困户签订帮扶合同。按照方案,前期免费供应鸡苗、饲料等生产要素,提供技术服务,最后统一销售,帮助养殖户获得稳定养殖收益。目前,平均每户贫困户养殖麻鸡获得收益2万元,提前实现脱贫目标。

【创业总结】

周县华依托崇仁县山草生态麻鸡养殖专业合作社,通过技术培训和推广,年饲养规模达200多万羽,对饲养专业户实行"六统一分"管理,即统一规划建设、统一品种、统一育苗、统一技术、统一品牌、统一销售和分户经营的经营服务模式,实现生产、加工、销售等多个环节的衔接配套,使企业与养殖户之间建立起一个统分结合、双层经营的机制,最大限度地调动养殖户发展原生态农产品的积极性。在周县华这一路创业的艰辛经验看来,从事农业领域创新创业的新农人们,始终面临着如何盈利以维持公司正常运营和持续发展的问题,也面临着乡村产业发展的瓶颈如何破解的问题,以及国家政策和市场化冲突的问题。

杨祖根
蚕之蝶变,科技让蚕更富民

  从小在苏州吴江长大的杨祖根为了让村里的传统蚕丝产品卖得出、卖得好,并能开拓出一个更大的市场,他毅然辞职创办合作社,在创业中通过不计个人得失的付出,坚持不懈的毅力,勇于创新的精神以及品牌的持续打造,充分拓展企业、合作社、家庭农场、专业大户的联合优势,实现四位一体产业联动,提高当地蚕产业经营主体的经济效益和竞争力。

【个人简介】

  杨祖根,江苏省吴江区震泽镇人,1962 年出生,大专学历,助理农艺师。高中毕业后在本地乡镇企业担任技术员、生产厂长,1999 年辞职创业至今,先后成立了吴江市富达针织制衣厂、吴江市家和蚕丝制品厂,主要从事外贸针织制衣的加工和蚕丝被生产,期间自学完成大专学历。2008 年发起成立吴江市家和蚕业专业合作社、2017 年成立苏州家和蚕业生物科技有限公司。2013 年成为中国民主建国会会员。他先后获得吴江区优秀政协委员、江苏省优秀农民合作社理事长、苏州市劳动模范、江苏省劳动模范、江苏省扶贫先进个人。

【创业感言】

  回顾家和蚕业的发展历程,我深深地体会到,农业离不开科技创新,更离不开自己对蚕业的那份独特的情感以及坚守,就像蚕的一生,织锦成帛才是追求。

我是一个农民的儿子，乡村美丽、农民共同富裕是我的梦想和追求，也一直在为之而努力着、拼搏着、践行着。

【组织简介】

吴江市家和蚕业专业合作社成立于 2008 年 10 月，成员 420 人，注册资金 280 万元，是一家集蚕桑养殖、蚕丝被、蚕蛹虫草、农业生物研发、生产、销售于一体的科技型农民专业合作社。合作社长期立足于农业科技创新，积极致力于蚕桑资源的开发利用，以打造现代农业品牌、服务三农为己任，聚力创新、聚焦富民，依托国内一流科研院校的技术支撑，走出了一条"产学研"联合、以工辅农、科技兴农的特色之路。2019 年实现产值 3006.1 万元，利润 273.7 万元；目前拥有各项专利 1090 多项，是吴江区专利示范企业、苏州市农业龙头企业和江苏省民营科技企业；江苏省"五好"农民专业合作社示范社、国家农民专业合作社示范社、科技部星火计划实施单位和江苏省蚕蛹虫草地方标准起草单位；合作社已经成为一支带动本地农民增收致富、发展农村经济的生力军。

苏州家和蚕业生物科技有限公司成立于 2017 年 5 月，是一家集蚕桑、蚕丝被、食品、丝绸制品设计、化妆品、蚕桑文化产品研发、生产、销售于一体的农业科技型企业，是合作社产品综合开发并探索市场化、资本化运作的重要载体，是苏州市首批在江苏省股权交易中心农业板挂牌企业（股票代码：693328），用科技创新来提升产品附加值，实现产业增效、农民增收，振兴蚕桑产业，参与乡村振兴。

【创业者故事】

传统的蚕从剥茧抽丝到织绸成衣，就完成了它一生的使命，然而在江苏的吴江，却有一位用科技赋予蚕新的内涵，在蚕桑产业多元化发展上进行了大胆的探索和有效的实践，把"一条蚕"做成"一条龙"，在新鲜活体的蚕蛹上培育出蚕蛹虫草并开发很多衍生产品，演绎了一场蚕之蝶变，实现了从"一条蚕"到"一根草"，从"一根丝"到"一片膜"的华丽转身。他就是吴江市家和蚕业专业合作社总经理——杨祖根。

　　丝绸之府的苏州吴江向来不缺因丝兴业、因蚕致富的企业家,震泽人杨祖根便是其中翘楚,他虽非大富,但是因他之努力,苏州正在诞生一个与蚕相关的新兴产业,他的创新举措被央视七套每日农经栏目作为吴江经验向全国分享;他主导起草的江苏省首个蚕蛹虫草地方标准于 2019 年 8 月 1 日颁布实施,取得了蚕蛹虫草行业的话语权,开启了用标准带动农民增收致富的新模式;他的论文《开发蚕蛹虫草,助力蚕桑产业多元化》在《广东蚕业》杂志发表;他的创新、创业故事入选《中国农村合作经济管理学会乡村振兴战略背景下新农人发展研究》典型案例。他本人被常熟理工学院聘请为大学生创业导师,后又取得高级乡村振兴技艺师职称。

　　杨祖根 1978 年高中毕业,后进入了当地乡镇企业,伴着吴江乡镇企业的成长,他用青春和热情投身于"致力于集体、奉献于事业"的吴江改革开放的浪潮,交出了一份漂亮的答卷。随着新一轮乡镇企业的洗牌,1999 年他选择了辞职自己创业,但创业不久就遇到车祸,留下满身伤痛。市场经济也很残酷,他办过针织厂、蚕丝制品厂,创业一路坎坷,付出了比常人更多的心血和努力,凭着他的智慧和毅力,家和蚕丝制品厂也从一个家庭作坊发展成在吴江蚕丝产业占有一席之地的企业,2005 年他在吴江率先发起了蚕丝被首个行业自律倡议,推动了吴江蚕丝被产业质量提升和品牌建设的进程。

投资农机,初涉农业

　　2007 年下半年,一个偶然的机会,区农委分管农机的领导跟杨祖根说:"目前省里在推广水稻机插秧工作,为农户提供从播种育秧到插秧全程机械化服务,而且现在购买农机,各级政府还有补贴,是一个商机,要不你带个头,为区里这项工作推动一下,想不想试试?"领导还带他去常州市金坛区参观,杨祖根被领导说动了,于是购买了播种机、拖拉机、插秧机等设备,培训了农机操作手,制定了安全管理和操作制度,用企业化管理的理念做农业,2008 年春天开始了机插秧社会化服务。然而现实比想象的复杂得多,推广难度很大,由于机插秧育苗期短,发苗快,移植密度只需要 30cm×12cm,每穴两三根,插好田里秧苗寥寥无几,年纪大的老百姓不能接受,认为这么一点苗没有产量,到现场抢秧苗,跟工作人员每天起冲突,老杨每天 5 点起床,晚上 7 点收工,一直在田间,不是去指导操作手就是去跟老百姓解释宣传,尽管这样,每天还是纠纷不断,后来老杨干脆拍了胸脯大胆地说:"大家不要抢秧苗了,我保证大家每亩产量不低于 600 公斤,缺失部分由农机服务社在服务费里承担扣除。"话一说出,老杨心中其实也没有底,只是看到过,没有实际管理经验,于是只能硬着头皮做下去,义务地当起了政府农业技术员,跟踪移植后的管理(机插秧服务合同移植好就结束了)。机插秧的田间管理跟传统人工插秧相比完全不一样,所以在移植好的田块里经常看到老杨忙碌的身影,他一边用手机请教区农委作栽站站长,一边现场指导生产队长和农户做好肥水管理,现炒现卖,几个月下来,平时细皮嫩肉的老杨变得黑不溜秋,比农民还像农民。直到看到沉甸甸的稻穗,老杨和村干部终于松了一口气,老百姓也开始信服这位"编制外技术员"。由于老杨这个门外汉的加入,其他原来观望的农机户也加入了机插秧行列,推动了吴江区机插秧工作顺利开展。

厂商压价,再涉蚕业

2007 年 6 月 2 日,吴江地区的春蚕茧陆续上市,多年来国际丝价波动,导致本地集体缫丝厂纷纷倒闭,剩下的一两家也转制给人,蚕茧收购价格也是缫丝厂老板说了算,随意性较强,那天茧站早上收购价格突然从前天每公斤40 元降到每公斤 32 元,很多蚕农无可奈何,有的跟老板理论:"老板不能这样做的,一天一个价,而且相差太大了。"理论也改变不了现状,这个场景成了小镇当天的新闻,也深深刺激了老杨,蚕农是蚕桑丝绸产业的基础,而丝绸是苏州的一张名片,尽管产业在萎缩,但是不能在我们这代人手上消失,于是他暗暗下决心,自己除了做蚕丝被,还要以市场的最高价格收购蚕茧,虽然不能凭一己之力改变市场萎缩趋势,但要尽力保护好本地蚕农的种桑养蚕的积极性,并且他流转了村里的土地种桑养蚕,这又跟蚕桑业扯上了关系。

寻求共富,倾心农业

创业稳定后老杨没有小富即安,而是不忘带动乡亲共同致富。机缘巧合,杨祖根 2007 年参加中国国际农产品交易会,看到了其他地方农民合作社的产品,回来就萌生了成立合作社的想法,并得到市农办领导的支持,于是紧锣密鼓地开始筹备。他怀着对农村、农业的热爱,于 2008 年 10 月联合 420 名成员,在林港村发起成立了吴江市家和蚕业专业合作社,主要从事蚕桑养殖、蚕丝被、蚕蛹虫草研发、生产、销售。合作社长期立足于农业科技创新,积极致力于蚕桑资源的开发利用,以打造现代农业品牌、服务三农为己任,聚力创新、聚焦富民,依托国内一流科研院校的技术支撑,走出了一条"产学研"联合、以工辅农、科技兴农的特色之路。合作社始终把科技创新和品牌建设放在工作的首位,秉承"科技引领、创新驱动、文化融合、错位发展"的宗旨,围绕"一条蚕"做文章,努力把"一条蚕"做到极致,利用吴江优质的蚕桑资源,运用现代生物技术,演绎蚕之蝶变,先后开发出蚕蛹虫草、蚕蛹虫草胶囊、蚕蛹虫草浓缩液、蚕蛹虫草养生茶、蚕丝面膜等一系列产品并投放市场,形成了一个完整的蚕生态产业链,成为合作社新的经济增长点,优化了产业结构,增加了产品和土地附加值,实现了产业增效、农民增收,提高了当地蚕农的养蚕积极性,稳定和促进了吴江蚕桑生产,这样一干就是十几年,老杨成了真正的农业从业者。

付出、坚持与创新是关键

从当初只是想把家乡的农产品卖出去,到真正涉足农业,合作社从嗷嗷待哺的婴儿到风华正茂的少年,一路过来,尽管是"自讨苦吃",自加压力,但是杨祖根的内心也随着合作社的成长变得强大,收获了许多感悟。**第一是付出**,要让这么多成员相信你、认可你,首先要付出,不能患得患失,计较个人利益,并保持一颗公心,这样你的每个决策就会有人支持你,才能提高合作社的凝聚力。**第二是坚持**,遇到困难,不能退缩,每时每刻要想到自己身上肩着400多个家庭的重托,才能让你保持干事创业的激情、服务大家的恒心。**第三是创新**,农业企业如果不创新就没有生命力,只有依托科技创新,实现产品创新,才能提高市场竞争力;并用工业的理念管理农业,才能适应瞬息万变的市场,增强合作社的内生动力。**第四是品牌**,只有打响品牌,才能提高产品溢价,增加合作社效益。2011年"水乡缘"荣获江苏省著名商标,2014年合作社被评为国家级农民专业合作社。

创新路上的坎坷与寂寞

随着工业化和城乡一体化进程的加快,我国蚕桑产业面临着极大的挑战,不仅是生产方式落后、生产成本上涨、劳动力缺失,而且其发展还受到资源环境的约束,因此蚕桑丝绸产业的发展呈现缓慢萎缩的态势,吴江蚕桑丝绸产业也未能幸免。因此在传承中创新应运而生,但是如何创新则考验着每一个从业者。

2008年的金融危机还记忆犹新,那个时候家和蚕业的"水乡缘"蚕丝被在业内已有了一定的知名度,但杨祖根居安思危,未雨绸缪,想利用科技创新在蚕桑多元化发展上做一些探索,于是打起了蚕蛹的主意。蚕蛹的蛋白质含量为12.9%—15%,氨基酸含量为7.31%—9.14%,民间和国外就有吃蚕蛹的习惯，作为蚕桑丝绸产业链上的副产品，以前往往只能作为饲料和肥料使用，不能物尽所用，老杨却看到了商机。在一次科技局"产学研"对接活动中老杨得知，上海市农科院在大米、玉米的植物蛋白上培育北冬虫夏草，他就主动上门攀亲，并大胆提出了在新鲜活体的蚕蛹上培育虫草的想法，这个想法引起了专家的兴趣，但在合作方式上存在分歧，一次不行两次，两次不行三次，最后上海专家被震泽优质的优势蚕蛹和老杨办事认真的风格所打动，终于达成"产学研"合作意向。在专家的指导下，在实验室小批量培育成功后，老杨增添了信心。于是老杨经过一番精心准备，改造了 20 平方米的培育车间，添置了一些简单的设备，自己动手制作了菌种稀释箱和保湿装置等小配套，兴致勃勃地开始了工厂化蚕蛹虫草的培育，然而从实验室到工厂化的培育过程并没有那么简单，好多的工艺参数需要重新实验和调整，活体蚕蛹的创口容易感染，员工身上和环境中的细菌更是防不胜防，特别是在不添加任何抗生素的情况下，用生态的方法培育。一个星期后，整个培育车间臭气熏天、苍蝇乱飞，最后颗粒无收、全军覆没、血本无归，十几万元打了水漂。尽管老杨此时的心情很糟糕，但是丝毫不影响他的信心，不服输的老杨跟专家一起仔细分析了失败的原因，发现问题主要在于实验室培育成功了，对环境和员工的灭菌要求放松了，操作细节不规范，而细菌看不到摸不着无孔不入。2019 年春蚕上市季节，他们继续坚持工厂化培育，这一回吸取教训，不敢存半点懈怠侥幸之心，提前对培育车间环境用生石灰和紫外线两次消毒灭菌，对员工进出实行全程消毒，然后在菌种稀释比例、接种部位、注射剂量、温湿度控制、光照时间和强度等方面都做了统一，经过 40 多天的精心呵护，终于培育成功，老杨立即送农业部检测中心检测，各项指标超过预期（见表1）。

表 1　蚕蛹虫草与冬虫夏草药效成分含量对比 /‰

药效成分	冬虫夏草	蚕蛹虫草
虫草素	0.278	1.670
虫草酸	5.500	4.200
虫草多糖	7.000	12.800
SOD 酶	149.400	186.400
喷司他丁	0.000	1.215

资料来源：上海医科大学、苏州家和蚕业。

　　如果说农业新产品开发是寂寞的，那么农业新品的推广更是痛苦的，由于食用食品的特殊性，刚开始几乎无人问津，老杨凭着一股执着的干劲，2009年带着蚕蛹虫草产品和检测报告去北京，在农业部的中国国际农产品交易会上亮相，引起了媒体的关注，同年卫生部把蚕蛹虫草纳入新资源食品，更加增加了老杨的信心，然后通过各种展会、各级媒体来推荐，用传统的口碑式体验营销，扩大影响力。国内外的展会总能看到老杨忙碌的身影，在他的努力下，人们的观念从不懂到接受再到买，慢慢成功推向市场，得到了消费者的认可。经过多年的不断优化和完善，老杨和他的团队总结出了一整套技术工艺，质量日趋稳定，并且在国内第一个提出了"蚕蛹虫草"这个名字，再与北冬虫夏草、蛹虫草等区别，逐步有了忠实的客户群。

　　2010年，不甘寂寞的老杨又在深加工上动起了脑筋，几经周折，跟同济大学攀上了亲，与同济大学实体（同济生物）联合生产蚕蛹虫草胶囊，尝试在深加工方面的合作，家和蚕蛹虫草过硬的品质与同济GMP的设备和行业前沿的技术强强联合，很快得到了市场和消费者青睐。然而天有不测风云，2012年毒胶囊事件给整个行业带来了毁灭性打击，国家发文，普通食品胶囊一律不得生产销售，蚕蛹虫草胶囊也未能幸免，无奈只能停止生产，老杨又一次领教了市场的残酷和政策的威力。这逼着老杨另起炉灶，开发其他相关衍生品，之后在科研院校的技术帮助下，相继开发出蚕蛹虫草养生茶、蚕蛹虫草浓缩液、蚕丝面膜等新产品并投放市场，成为合作社新的经济增长点。

　　2013年9月11日，老杨的创新创业故事在央视七套《每日农经》播出；"蚕花香"蚕蛹虫草在第十二届中国国际农产品交易会上被评为金奖；"思丝相印"蚕丝面膜在第十六届中国国际农产品交易会被评为金奖；2017年家和产业的蚕桑多元化发展作为吴江经验被央视七套每日农经《蚕桑产业如何破茧》在全国分享；2018年、2019年连续两年做客央视直播室。

　　2017年10月19日，中科院上海植物生理生态研究所研究员王成树的课题组在国际学术期刊《细胞化学生物学》上在线发表论文，宣布蚕蛹虫草含有喷司他丁（pentostatin，PTN），可遏制癌细胞。而"蚕花香"蚕蛹虫草含有较高的喷丝他丁，这给蚕蛹虫草产业带来了极大的利好，蚕蛹虫草终于迎来了发展的春天，所以蚕蛹虫草产业化发展前景更加广阔，是一个朝阳、健康产业。

在模式创新中探索与实践

　　如果说合作社是小试牛刀，那么现代农业才是今后农业的发展方向，于是 2017 年 5 月杨祖根成立了苏州家和蚕业生物科技有限公司,探索蚕蛹虫草产业化、市场化的运营机制。合作社在粗放型生产的基础上,对蚕蛹虫草工厂化培育技术进行了系统的研究、创新,并不断优化完善,是国内率先提出蚕蛹虫草工厂化培育并掌握核心技术和付诸实践的单位,并且 2017 年启动了与上海市农业科学院、常熟理工学院在蚕蛹虫草综合开发上的合作,组成了联合科研攻关小组,成立了产品研发中心,坚持以市场为导向,以科研为引擎,开发具有自主知识产权的蚕蛹虫草下游产品。根据三方的蚕蛹虫草综合开发中长期战略合作发展规划,拟以"公司＋合作社＋农户"的方式扩大蚕蛹虫草的种植,统一将虫草菌种供应给合作社和农户,统一对他们进行技术培训,统一技术和质量标准;等蚕蛹虫草培植成功后,再由公司统一收购、统一包装、统一销售。以"生物公司＋中心"开发自主本土品牌的蚕蛹虫草深加工产品,分工明确,利益共享。在苏州建立一个完整的蚕蛹虫草生产产业链,形成一个蚕桑多元化发展的新业态,使传统产业向生物产业转变,实现产业升级,使其在现代创汇农业和高效农业上发挥作用,于 2018 年在江苏省股权交易中心农业板成功挂牌(代码:693328),试图通过资本市场寻求更多的机会以做大做强,助力打造一个富民、惠民的产业,带动更多的农民创业致富。

标准共享的带动与示范

为了总结蚕蛹虫草工厂化培育的先进技术,规范蚕蛹虫草工厂化生产,推动江苏省标准化工作,带动更多的蚕农掌握这项技术,2015 年杨祖根起草了苏州市农业地方标准《蚕蛹虫草工厂化生产技术规程》,首次在吴江市家和蚕业专业合作社推广应用,降低了投入风险,稳定了产品质量,收到了很好的效果。在此基础上,2017 年,杨祖根又主导承担了江苏省农业地方标准《蚕蛹虫草工厂化生产技术规程》起草、制定工作,把蚕蛹工厂化培育技术的应用真正落实到实处。《蚕蛹虫草工厂化生产技术规程》于 2019 年 8 月 1 日颁布实施,标准号 DB32/3620—2019,蚕蛹虫草工厂化培育标准化生产受众面向全省推广,惠及全国蚕桑产业,实行成果行业共享,用标准指导农民创业,用标准带动农民致富,减少农民的技术风险,对于江苏乃至全国的蚕桑产业多元化发展具有积极的现实意义。

乡村振兴背景下的主体创新

近年来工业化、城市化进程加快,以及土地资源制约;而全球金融危机的到来更是雪上加霜,中美贸易摩擦又加剧了市场的不确定性,蚕桑产业现正面临着日趋萎缩的危机和挑战。为进一步应对危机,积极引导和带动农民发展蚕业生产,努力打造吴江丝绸标杆和推动江苏蚕桑丝绸产业高质量发展,需要探索发挥龙头企业的示范带头作用,在原来"公司+合作社+农户"的基础上,充分拓展企业、合作社、家庭农场、专业大户的联合优势,实现四位一体产业联动,四大主体产业融合,整合资源,发展农文、农旅、农创的一、二、三产业融合,提高蚕业经营主体的经济效益和竞争力。由苏州家和蚕业生物科技有限公司牵头于 2018 年 10 月,成立了苏州家和蚕业产业化联合体,联合吴江市家和蚕业专业合作社,吴江市林港土地股份专业合作社、吴江市林港林业专业合作社三个专业合作社,吴江震泽镇农耕家庭农场、吴江开心园艺场、吴江龙降桥南港家庭农场等三个家庭农场,丁明凤、沈水珍、费勤荣、杨利珍等四个种养殖专业大户共同参与,直接带动农户 853 户,解决 127 人就业。

联合体是一个以龙头企业为龙头、合作社为纽带、家庭农场为基础、种植大户参与的产业联盟,目的在于整合农业产业要素、加快产业创新、提高市场竞争力;培养农村技术人才,搞好"种、养、销+试验示范",为农业发展提供持续的人才保障;积极推广标准化生产管理,提高农产品质量,开展蚕桑资源开发利用,提高产品附加值,提高联合体经济效益。实现区域内的统一服务,即"六个统一"方针,分工合作、优势互补、利益共享、共同发展。

由于联合体是一个新的组织形式,还很年轻,有许多松散的地方,还需要不断磨合,加以完善,才能实现资源共享和利益的紧密性,在本地逐步形成一个蚕蛹虫草全产业链的新业态,并通过资本化运作,把企业做大做强,才能更好地助力乡村产业振兴。

公益使命驱动助残扶贫

杨祖根在努力带动乡亲共同致富的同时,认真履行社会责任和公益使命,每年为慈善会捐款。老杨不忘残疾人这个特殊的社会弱势群体,以"为政府分忧、为残疾人谋利"的宗旨,积极创新残疾人扶贫方法,2014 年发起成立了吴江区震泽镇家和残疾人扶贫创业服务社,先后投入 80 多万元改造了残疾人工作、学习、休息的设施和场所,免费为残疾人提供技术培训、创业帮扶、就业岗位等服务。目前安排了 23 名残疾人就业,先后免费为全区残疾人举办了12 期农业新技术培训,受益 1020 多人;扶持帮助残疾人周志强创业,圆了他的创业梦想;让更多残疾人走出家庭、融入社会。2016 年 8 月 30 日,作为全国残疾人职业教育督导会的现场参观点,服务社通过"授业帮扶、就业脱贫、创业致富"的做法,受到了中残联领导和与会专家的肯定和好评。服务社已经成为残疾人工作学习的快乐之家、创业致富的孵化园,其服务品牌"圆梦驿站"已经成为吴江残疾人扶贫创业的一张闪亮名片。

【创业总结】

生态与效益

生态环境和可持续发展是当今社会面临的重大课题。桑树生态系统具有水土保持、生态环保、休闲文化等多种功能,因此,蚕桑产业的健康稳定发展不仅是经济发展和农村民生的需要,也是循环农业与生态环境建设的需要。蚕蛹虫草工厂化培育技术是利用蚕茧做蚕丝被、副产物蚕蛹培育蚕蛹虫草,能有效提高蚕桑资源副产物的利用价值,变废为宝,循环利用,增加蚕农收入,稳定桑树栽培面积,促进蚕桑产业持续健康发展,也是蚕桑资源开发中附加值最高、最有前景的项目之一,生态效应日益显现,为全省乃至全国的蚕桑产业高质量发展提供了很好的示范引领。

诗和远方

继续加大科技投入,今年投资 200 多万元,建设 450 平方米的蚕蛹虫草智能化培育中心,实现蚕蛹虫草培育智能化、精准化、数字化,确保产品质量稳定;增加一条蚕蛹虫草固体饮料全自动生产流水线,开发更多的蚕蛹虫草深加工产品,已经完成建设,并投入使用,预计可以增加产值 1300 万元,利润260 万元。目前正在着手准备蚕蛹虫草国家标准的制订,相关工作已经启动。另外在规划一个 800 平方米,集文创、体验、科普、研学于一体的中国蚕桑养生文化博物馆,探索一、二、三产融合,来挖掘和提升产业的附加值。

创新与坚持

回顾家和蚕业十多年的探索与实践,杨祖根深刻地体会到农业离不开科技创新,也离不开服务三农的科研院校,更离不开自己对蚕业的那份独特的情感以及坚守。有人说新产品开发是寂寞的,那么农业新产品开发更寂寞,甚至痛苦,因为农业新品一旦失败就要等一季或一年,只有耐得住寂寞、经得起诱惑才能坚守,就像蚕的一生,织锦成帛才是追求。

梦想与情怀

杨祖根常说"我是一个农民的儿子,乡村美丽、农民富裕是我的梦想和追求",他一直在为之而努力着、拼搏着、践行着。从开发蚕蛹虫草到成立合作社、联合体,他自觉肩负起振兴苏州丝绸的使命,在传承中创新,在合作中发展,开启合作社共同发展模式的探索,并坚持适合自己的发展模式,即以传统产业蚕丝被作为盈利的基础,每年拿出 5% 的收入搞研发,作为技术储备,既能保持合作社稳健发展,又有创新持续发展的内生动能,所以面对各种危机老杨总能化危为安。他深深地知道一个人的力量是有限的,只有汇聚全社会的力量,自觉融入乡村振兴的伟大实践中,承担起产业振兴的使命,与国家的发展、人民的利益同呼吸共命运,才能不负这个时代和韶华。农业路上既要有干事创业的激情,更要有一颗甘于寂寞的心,这样才能走得更从容、更坚实,路才能越走越广阔。

张 石
创业新农村，筑梦新农人

从金融行业到农业，张石选择了跨行业的挑战，是为了圆创业的梦想，也是为了破解父亲的心结。由于在创业中缺少相应的知识，他就努力自学，虚心求教。他凭借数倍于他人的付出，硬是用三年多的时间学了别人五到六年的经验。在发展中，他和他的公司始终秉持绿色发展、科学发展的道路，用优质的产品跟市场对话，带领着企业朝着农业产业化龙头企业的目标快速迈进。

【个人简介】

张石，男，中共党员，1988年10月出生于安徽省宿州市泗县瓦坊乡小朱场庄的一个普通农民家庭，2010年毕业于上海托普信息技术学院，大专学历，毕业后在上海从事金融行业6年，2016年底回乡创业，现任宿州共福园畜牧养殖有限公司总经理。

张石曾获得2018宿州市向上向善好青年奖、2018安徽省向上向善好青年提名奖、2018宿州市农村青年致富带头人、2018年宿州市脱贫攻坚"五大青春"先进个人、2018年泗县首届农民工等人返乡创业大赛第二名、2018年第四届宿州市青年创新创业大赛一等奖、2018年安徽省农村青年致富带头人、2018年宿州市青年企业家协会副会长、2019年第五届宿州市青年五四奖章、2019年中国青年致富带头人协会会员、2019年宿州市优秀青年企业家、2020年农业返乡创业先进个人等荣誉称号，2020年共青团安徽委员会聘请其担任"青创10万＋"项目安徽青年创业导师。

【创业感言】

一次冲动的决定,反而让我搭上了返乡创业的快车,放弃大都市的璀璨霓虹,回归纯真朴实的牧牛农耕,立身发展之本,回馈育我家乡,共同奋进、共谋发展、共享富裕,更是我心之所向。

【组织简介】

宿州市共福园畜牧养殖有限公司,先后荣获宿州市农业产业化市级龙头企业,入选团中央"精准扶贫:助力农产品上行"项目、安徽省大学生返乡创业示范基地(园)、宿州市2019年社会扶贫先进集体、安徽省优秀农业产业化联合体、安徽省农业产业化省级重点龙头企业、安徽省现代生态农业产业化示范主体。

【创业者故事】

创业,继续父亲的梦想

张石之所以立志在家乡创业,有三个原因:一是父亲曾经在农村创业,但养殖家禽最终失败,给了他一定的刺激;二是张石在上海金融行业从业6年,历经成败,积累了一定的资金和管理经验;三是(也是最重要的一点)张石始终有一个家乡梦、创业梦,那就是"创业新农村,筑梦新农人",用自己的聪明才智报效家乡,奉献乡村,同时挑战父亲的不可能,圆父亲未完成的创业梦。

起起落落,"牛"起来并不容易

2007年,张石高中毕业后来到了国际大都市——上海,在上海托普信息技术学院读书,3年后顺利毕业后上海就业了,从事与股票、基金相关的销售工作,一年多时间,他从基层销售人员做到了部门经理。2012年张石听信朋友劝说,跟朋友一起出去开公司,结果遇上股市大跌,一年多的时间赔光了所有积蓄,最后有一部分钱还被骗走。经过几个月的总结,他决定重新开始,2014年初,他被朋友介绍到上海阿财金融信息服务有限公司做部门经理,不到半年时间就被提成公司的销售总监,之后他成立了属于自己的公司,事业发展可谓蒸蒸日上。可是农村出身的张石,自幼受到父母教育,他常怀感恩之心。在外近 10 年,他始终不忘养育他的乡村故土。张石心中总有一个回乡创业的梦想:趁自己年轻,返乡创业,干出一番事业,发展家乡。刚开始父亲坚决不同意,因为张石的父亲当年就是从事养鸡行业的,当时在地方也算是小有名气的企业家了,但是因为"非典"和禽流感导致生意失败破产,还负债累累,所以父亲坚决反对。张石清楚地知道自己父亲不同意是不希望他走自己的路子,因为这一路艰辛他太清楚了。但是张石返乡还有一个重要原因就是父亲自从生意失败后都没再做任何生意,可能是心理上有失败的阴影,也可能是一直没走出来,不管出于什么原因他心里都非常难受,返乡创业也是想让父亲心理上有所改变,张石返乡的决心父亲也看得出来,最后经过多次沟通,最终他还是说服了父亲,并得到父亲的支持。

找准企业定位

创业不易,奋斗是唯一的出路。2016 年底,踌躇满志的张石,毅然决然地回到家乡泗县,踏上了艰苦奋斗返乡创业的新征程。

返乡创业,张石是认真的,但创业致富的定位很关键。回到家乡泗县后,张石几乎跑遍了泗县各乡镇,先后走访了当地各行各业致富带头人、能人大户 200 多户,其本人还多次到泗县畜牧局、农委、林业局等涉农政府部门走访,最终确定走农村最贴近农民和农业发展的畜牧养殖的道路。2016 年 9 月,张石在泗县草沟镇秦桥村创办了宿州市共福园畜牧养殖有限公司。

2016 年 9 月,张石的"共福园"开始建设。10 月初,张石的第一批 55 头牛到场,但随之而来的就是各种困难和挑战。第一个困难就是因为季节问题没有储存足够的粗饲草,牛是食草动物而且食草量惊人,牛到家,没有草吃,说出去简直是个笑话,于是张石每日每夜的驱车到处找草,加上很多亲戚朋友一起帮忙,最后虽然解决了草的问题,但是购买的价格是正常收储季节的两倍,这个教训非常深刻。经过一年的饲喂,他发现本地的养牛水平很低,大多数养牛都是使用传统的养殖方式。如何科学开展畜牧养殖,如何科学地管理企业是摆在他面前最紧迫的难题。

青春是不服输的

80 后创业致富青年张石有着执拗和不服输的性格。为了科学管理企业,张石买来一大堆专业书籍,闲暇时就"啃"书本,上网向那些全国各地的畜牧养殖高手和一些农业专家请教交流,只要听说哪里牛养得好,不管路途有多远,他都会马上放下手中的事情第一时间赶到牛场去学习,数月时间他学习的脚步几乎踏遍半个中国,一边学习一边改进。每次外出学习培训,张石从不放弃机会,总能记下厚厚几本笔记。他经常对别人说的一句话就是"买好牛、养好牛、卖好牛",买好牛就是要从架子牛抓起,从源头抓起,有好的架子牛,才能得大效益,为此他深入山区和草原,驱车到过锡林郭勒草原、兴安盟、呼伦贝尔、云南多地,从源头寻找好牛,在云南他每天租用当地老百姓的摩托车早上进山找牛,晚上回来做好笔记,21 天时间跑了昆明、大理、丽江多个市县了解牛源情况,在内蒙古更是几个月吃住在外,用他自己的话说就是开着车子走着走着发现地图显示山的另一侧就是蒙古国了。总之,在买牛的环节,他花掉了一般养牛人数倍的精力和费用。养好牛,科学养殖是重中之重,前期的学习和改进,他从当地平均月增重 70 多斤做到现在月增重 90 多斤,既改变了饲喂方式,也改变了当地很多养牛户的饲喂方式,效益上有了非常大的提高,也因此得到了很多养牛户的认可。卖好牛,为了把牛卖上好价格,带上全县上万头牛的任务,他驱车到南京、苏州、上海、杭州等地的牛肉批发商和肉牛屠宰场进行洽谈,因为科学饲养后牛的质量很好,很多南方屠宰场的老板到场就看上了,为多数养殖户打开了销售渠道,同时销售价格几乎每年都排在全国首列。

从不懂到精通,从刚开始自己的企业处处"碰壁"到如今事业风生水起,这其中张石所付出的艰辛与汗水,别人无从知道。但张石是一个执拗的青年,要干就干好这是他的性格。他说:"我们用 3 年的多时间学了别人 5 到 6 年的经验。3 年多的艰辛,换来了我们初期的成果,这就是创业的乐趣。"

前景是光明的

新时代新发展,如今的张石和他的畜牧养殖企业坚定绿色发展理念,走绿色循环农业发展之路。

短短两年多的时间里,张石和他的"共福园"已经完成肉牛存栏 1000 头,年出栏 1200 余头,能繁母牛 150 头,蚯蚓养殖 50 亩,土地流转 320 亩。计划 2022 年完成所有投资,完成后肉牛存栏可达 1500 头,年出栏 2000 头,蚯蚓养殖 200 亩,果树种植 200 亩。该企业的新零售业务运营也日趋成熟起来。目前共福源天猫旗舰店已经稳定,微信小程序店铺已经开启县域半日达的线下线上新零售模式。另外,张石计划 2020 年底在全县开设生鲜牛肉店铺 4 家和 1 家以牛肉为主题的餐厅。一个新兴的泗县新型农业企业在泗州大地上展现勃勃生机。

目标始终还在前方

创业发展不能忘记众乡邻;发展带动众乡邻;这是张石创业致富始终不渝的奋斗目标。在张石的带领下,企业走"公司＋基地＋合作社＋农户""龙头带基地"的产业化道路。企业发展起来了,一个热情似火、敢于担当的有为青年不忘初心。2016 年以来,张石从帮扶当地贫困户实际出发,坚持带动就业促脱贫,推广肉牛养殖、蚯蚓养殖产业增收。当前企业已带动秦桥村贫困户 12 人就业,推广全县肉牛养殖 26 家、肉牛及蚯蚓循环养殖 4 家。2016 年至今,共带动泗县当地贫困户 63 人就业,人均年增收 2 万多元。切实帮助贫困户增收,高效促进贫困户脱贫奔小康。

【创业总结】

春天是一个放飞梦想的季节,更是一个有为青年铸梦飞翔的季节。如今,在张石的心中有一个美好而可期的愿景:打造全国一流的农村产业化龙头企业,并将自己的家乡泗县打造成为一个年出栏 10 万头的商品牛基地县。

高明成
靠养猪走出一片新天地

　　儿时贫困的生活给高明成留下了深刻的印象,那些既是关于母亲的记忆,同时也是让他下定决心返乡创业的家乡记忆。面对创业挫折,他用激情为自己鼓劲,面对发展瓶颈,他及时抓住机遇,利用优惠政策,扩大养殖规模,走出了一条规模化、正规化的发展道路。

【个人简介】

　　高明成,男,汉族,甘肃靖远人,1976 年 7 月出生。本科,共产党员,靖远县隆德泰种养殖农民专业合作社创始人。2013 年 11 月,回家乡创办靖远县隆德泰种养殖农民专业合作社。2015 年 5 月,成立靖远德泰农场,建设标准化千头猪场;通过粮饲转换,解决了当地玉米滞销问题,提高了玉米附加值,增加当地农民收入;同时安排饲养人员,解决了部分贫困户的脱贫问题,为当地脱贫做出了应有贡献。2016 年,落实退耕还草国家项目,种植紫花苜蓿 830 亩。2017 年 5 月自建网站,被北京村网农业科技研究院授权为靖远县双龙镇地区运营负责人。2017 年 11 月成立靖远欣峰义和村电子商务服务点,为家乡农副土特产提供便捷的物流服务和网络代购代销业务。2019 年新扩建育肥圈舍 3 栋,建设面积 5000 平方米,带动贫困户 163 家,精准扶贫户 13 家,新建标准化养猪场 3000 平方米,与新希望集团合作,年出栏育肥猪 3000 头,年产值 800 万元。2020 年计划出栏 5000 头,年产值 1500 万元,户均收入过万元。

【创业感言】

凭借情怀,怀揣梦想,我孤身一人走进大山创业养殖。这里远离村庄,水电路房全无,困难重重,一无所有,唯有心中的梦想和干一番事业的坚定信念。开山修路,愚公移山,我坚信只要用心努力去做就没有做不成的事,面对困难,绝不放弃,奋力拼搏。凭借"不到长城非好汉"的意志和"不破楼兰终不还"的壮志,点滴积累,积少成多,才有今天的梦想成真。

【组织简介】

靖远县隆德泰种养殖农民专业合作社位于靖远县双龙镇义和村,于 2013 年 11 月 27 日成立,合作社注册资金 550 万元。2015 年 3 月投产,年出栏育肥猪 500 头,肉鸡 5000 只,种植紫花苜蓿 830 亩。2017 年,按照国家三农政策方针提出"公司＋合作社＋农户""一县一特,一村一品"的发展思路,走规模化、集约化、科学化的养殖模式。2019 年 3 月投产,年出栏育肥猪 3000 头,合作社依托全村 5000 多亩优质玉米生产基地及充足的作物秸秆资源建立义和村生态养殖示范基地,现有社员 54 人,带动周边农户 160 余人,建档立卡贫困户 13 户。合作社主要从事肉猪、鸡养殖,苜蓿的种植及其产品销售,新品种、新技术引进推广的种养殖农民专业合作社。多年来,在探讨运行的过程中,合作社逐步向标准化管理、规范化运作、社会化服务方向发展,为肉猪、鸡养殖户提供了优良服务,带动了周边农户肉猪、鸡养殖的积极性,加快了合作社规模化发展的步伐。

靖远县隆德泰种养殖农民专业合作社设有理事会,对成员大会负责,由 5 名成员组成,设理事长 1 人,监事 1 人,理事 3 人,可连选连任。制定了合作社章程,建立健全了生产管理、财务管理等各项规章制度。合作社现有办公室 800 平方米、圈舍 5 幢 2000 平方米、水库一座、水池 1000 立方米、化粪池 1500 立方米、料库一幢 1800 平方米,粉料设备一台,运料车两辆,办公设备齐全。合作社运营状况良好。

截至 2019 年年底,合作社总资产达到 856.60 万元,固定资产达到 202.63 万元,年经营收入 656.48 万元,纯利润 80.45 万元,合作社成员年均收入达到 0.8 万元左右,合作社运营状况良好。

【创业者故事】

高明成 2000 年 3 月就职于陕西化工研究院金羚化工厂,从事光固化原料研发工作,同年 10 月调到市场部派往华南市场(广州、中山、顺德、珠海、汕头等地)进行市场推广和销售;2003 年抽调华东(上海、江苏、浙江)进行售后服务客户维护工作,2005 年调回西安本部从事市场运营管理工作。2006 年 5 月回兰州进入兰州阳光碳素有限公司,被派往西南市场(云南、贵州、四川等地)进行推广销售工作。2008 年调到华中(湖南、湖北、河南)作市场产品销售,2010 年调到西北市场(陕西、甘肃、宁夏、青海)。2012 年调到东北三省(黑龙江、吉林、辽宁)。

回家是心底的呼唤

高明成出生在甘肃靖远县一个偏僻的小山村,在他老家的村,祖祖辈辈都是靠种玉米、水稻、大枣为生。

父母养育他们兄弟姐妹 7 人,从小缺衣少吃,父亲是个老牌高中生,凭借一副好身板,起早贪黑干活,拉扯孩子长大。父亲是个优秀的共产党员,从小教育他们踏踏实实做人,勤勤恳恳做事。在那个物质贫乏年代,靠吃苦、勤劳动,勉强保障填饱肚子,没有挨饿。但贫穷一直伴随着高明成整个儿时。那时候家里穷,没钱交学费,兄弟姐妹都没怎么上学,他是家中老小,最怕干活,一直有个愿望,走出大山,跳出农门,改变贫穷。那时唯一出路就是考上大学。带着全家的希望,他离开家乡,到遥远的县城上高中,为了能节省几块车费钱,一个学期只回一次家。很多时候,他的母亲就托人在进城时带些馍馍给他,每次取到家里带来的东西时,他那种思乡之情难以言表,既有家乡的味道,也有母亲的味道。通过几年的付出,1997 年他顺利考入省城兰州交大。全家人高兴之余开始为学费发愁,他利用假期去煤矿打工,心想如果赚不到足够的学费,就不去上学了。母亲态度非常明确,就是砸锅卖铁,无论怎样都要他上大学,就发动全家,东拼西凑借到学费。那一刻,他哭了。母亲在家悄悄抓了两头母猪养了起来。母亲养的母猪长得非常好,每次母猪下崽又多又及时,刚好在开学前后就能卖成钱,即便前后有点出入,不能准时变成现钱,但母亲有了借钱的底气和资本,此后每年开学母亲都能凑足学费,每学期的学费和生活费都有了保障。

大毕业后他参加工作,销售工作让他走南闯北,凭借着吃苦耐劳的精神在省城建立家庭,和所有学有所成的年轻人一样,娶妻生子,买房买车。天性好强的性格让他小日子过得蛮是幸福,这一段时期母亲甚是骄傲,逢人便说儿子在城里干得不错。但他自己知道,内心之中总有一种力量在呼唤,父母年迈,身体越来越差,心想子欲孝而亲不待。一种亲情的力量让他难以入睡,要想尽孝就得自己能支配时间,时常回家看看。

近年来,三农问题频频释放一种信号,大众创新,万众创业。似乎是这个时代的符号,呼唤起他心底最深处的希望,回乡创业既能实现多年的愿望也能体现人生价值。2013年底,他毅然决然辞职回乡创业。

做大有情怀的新农人

高明成要回农村创业,也是偶然。从小他一直立志要跳龙门,成为城里人。而现在做到了,却时常关心起农村的变化。也许农村出身,对农村有种割舍不掉的情怀吧,每年他都要看中央一号文件提及三农问题的相关篇幅。自觉不自觉,注意力被吸引到三农问题上,时间长了,他发现国家对三农的重视程度越来越高,就想顺势而为,容易成功。于是他放弃城市优越的生活,毅然回到老家,从此扎根农村、从事农业,从老板做回一个有大情怀的"新农人"。

困难挡不住创业的热情

既然决定要创业,便说干就干,在家人的反对声中开始了创业之路。他开始注册公司,写计划书、可行性方案,打申请报告、立项报告,办理养殖手续,而真想找一块养殖场地也确实要费一番周折,最后,在一个山沟里找到一个荒山坡地,请来推土机平整场地。几个月下来,终于立了项,查勘地界,报批土地,终于经过半年多时间完成土地手续。准备开始建设了,却水电路三不通,无法进行施工,迫使项目无法按时开工。无奈之下调整方案,改变计划,压缩工程,减小规模,边养边完善生产条件。没有水,就用三轮车放水桶拉;没有电,就买太阳能发电板;没阳光的时候,就用风力发电机;施工就用柴油机发电。没有条件创造条件也要干,没有任何困难能挡住他的决心。虽然吃苦受累,但人是高兴的,终于可以干自己想干的事了。这过程中的辛酸苦辣真是一言难尽。从来没有做过这些事,一切从头开始,他走了好多弯路,交了好多学费。只凭一腔热情,被创业的激情冲昏了头脑,水电路还没有全部到位,就开始建设房屋和圈舍。当资金全部花完,硬件建设结束,缺水缺电,无法养殖,在坚守的过程中,他寻求政府帮助,两年来一次次地到村乡、镇县进行协调,终于在 2016 年具备了养殖条件。

创业需多一份坚守

起初他建设了 1000 平方米的鸡棚,搞起了散养土鸡。鸡苗刚进场是冬季,鸡舍温度太低,就用火炉取暖,每隔一小时就得让小鸡活动一下,生怕夜寒互相取暖时压死,为了方便加火,他就住在鸡棚。那时天寒地冻,真是遭罪。由于每晚都要起床十多次查看鸡情,根本睡眠不足,有一晚还是疏忽了,2000 只小鸡一夜之间近一半连冻带压而死亡。这对他信心打击很大。后期他想了好多办法,非常努力地想弥补损失。整晚值班守候,小心饲养,还是因为首次养鸡经验不足,以失败告终,最终亏钱不少。也许从小不服输,第二年他改养蛋鸡,土鸡蛋带来盈利,这次他有了上次的经验教训,轮流值班。小鸡终于可以产蛋了,没好几天就遇上蛋价寒流,一天一降,一降再降。这一年,是一个寒冬年,付出最多,损失巨大,惨淡不堪,甚至让他开始怀疑人生。很多左邻右舍冷嘲热讽,多数亲朋好友建言放弃,劝他打道回城,另图前程。听了这些闲言碎语,他哪能甘心,这么多的付出,体力精力花费了多少!多数投资都是跟朋友借的,恐怕今后打工一生都很难还清债务。他暗下决心,绝不认输:"生我养我的这片故土难道真的没有我的立足之地吗?"

这些让他回想起小的时候,为了出人头地,跳出龙门,母亲砸锅卖铁都要让他读大学,走出偏远山区,过上城里人的生活。这种心态几乎是所有农村父母共有的。当父母的心愿实现了,而自己却迷失在大都市。他时常想,这难道也是自己想要的生活吗?而今回乡创业,遭受一点失败,就言放弃,打道回府,这不是他的性格。所以决心一定,他告诉自己一定要坚持,不能轻言放弃。

他突然醒悟,整个大学学费就是母亲养的那两头母猪提供的,养猪一定能给自己一口饭吃。他痛定思痛,反思检讨,决定改造鸡舍,把鸡舍变成猪舍,继续养猪。

经过考察调研,他了解到县委、县政府一直大力扶持生猪养殖业,有很多优惠政策,何不借此东风把养殖场扩建? 有了这一想法后,他先后到几家大型生猪养殖场学习取经,了解市场行情。通过对当地市场以及周边的走访调研,决定创办以养猪为基础,建立"农户＋基地＋公司"的养猪模式。总结了上次的失败经验教训,这次他做足功课,调研充分。2013 年 10 月初,他再次借来 20 万元重新起步、重新规划、重搭台子新唱戏。经过不断奔波,他拿着项目报告往返于县、乡、村三级政府之间,政府知道这事后,对他的想法也比较了解,对他的人品也有了认可,于是鼎力相助,协助他建起了可容纳300头生猪的养殖场。他白天奔波于村、组、农户和银行之间,晚上挑灯夜读钻研养殖技术和经营之道,"凡是有准备,临头不为难",及早做好预案,为追求自己的人生目标而孜孜不倦地奋斗着。功夫不负有心人,通过几年的努力,终于还清了外债。2018年,猪场引进正大集团,双方合作。一分耕耘一分收获,当他拿到几十万元的酬劳,喜悦之情溢于言表,感觉到一种释然,有一种成就感,心中充满对未来的憧憬。

于是他迫切地想要挣钱,急于进猪,常言"家有万贯,出气的不算"。这次经验不足,败得一塌糊涂,欠下了几十万元的债。亲戚、朋友、家人看他可怜,都来劝他,赶快收拾回城里打工挣钱还账,好好城里人的日子不过,不要再瞎折腾了。一段时间他彻夜难眠,半年后政府得知他的情况,出面协调,给他扶持,才让他走出困境。

【创业总结】

俗话说,"喝水不忘挖井人",作为一名党员,他应该像父亲那样的老党员一样,为了家乡的地方经济发展做些事情,贡献自己的一点力量。"一枝独放不是春,百花齐放春满园"。一个人富了不算富,他希望更多村民也加入进来,大家一起做大做强,都过上好日子。2019年,在政府的扶持下,凭借得天独厚的资源优势,他所在的村13户精准贫困户加入合作社,33户低保户100多万元的产业带动扶持资金注入合作社,扩大了养殖场的规模,带领家乡人致富。

当年完成二期扩建,6000平方米圈舍,存栏3500头,年出栏育肥猪7000头以上,户均年收入增加近1万元。现在企业已进入良性发展的轨迹,计划再用一年时间,用科学化的企业管理模式,精细的内部管理,把合作社打造成省级生猪养殖龙头企业,为乡村振兴,产业为重,添砖加瓦。

"只要敢打敢拼,就没有办不成的事。"这是他在20多年打拼岁月中总结出来的经验,也是一直以来所遵奉的人生信条。凭着能吃苦、敢打拼的精神,由一名个体猪场老板转型为家乡致富的带头人。由养猪500头到今天的2000头,年产值由100万元到如今500万元。种植紫花苜蓿830亩,退耕还林500亩,有大枣、枸杞、党参、黄芪、甘草等10多种药材。他先后获得优秀共产党员、青年农场主、致富带头人等荣誉。

第三部分

加工销售行业类案例

黄计亮
"农粮驿站"探路乡村 振兴新模式

新农人黄计亮心系家乡，返乡创业，通过现代企业经营理念和思维指导农业，带领团队精心打造"农粮驿站"电子商务平台，带动当地农业农村不断向前发展，为乡村振兴提供了一条新的探索路径。通过自己设计的"四化"经营理念，即规模化生产网络销售全产业链、技能化培训提高创业技能、品牌化发展壮大电子商务扶贫规模、公司化经营促贫困户增收，带领家乡村民们成功走出了一条具有固镇特色的农村电商扶贫创新之路。

【个人简介】

黄计亮，男，汉族，1981 年 6 月 15 日出生，安徽省固镇县石湖乡陡沟村人，大专学历。2001 年中专毕业后在上海市创业至今，自 2005 年起，先后成立上海亮新企业管理咨询有限公司、上海宇颖机械技术有限公司，主要从事企业管理培训和石油设备进出口业务；2015 年返回家乡创立安徽省绿鑫生态农业有限公司（"农粮驿站"农村电商）；获蚌埠市创业之星、蚌埠市 2018 年度十大经济人物、蚌埠市 2019 年度十大新闻人物、固镇县十佳带贫主体等荣誉称号。

【创业感言】

农业是一个朝阳产业，农民也会成为真正的产业工人；农业要发展，农民也要与时俱进。从城市返回家乡从事农业，我只是千千万万个逆流返乡、扎根土地的其中一员,我相信,随着一批批有阅历、有知识、有能力的新农人接管土地,中国三农问题一定可以破解,中国的农业一定可以蓬勃发展,乡村振兴的伟大梦想终将会成为现实。

【组织简介】

黄计亮先后在固镇县注册成立安徽省绿鑫生态农业有限公司和安徽省亮鑫电子商务有限公司,注册商标为"绿鑫""农粮驿站""LX",总投资 1300 多万元。安徽省绿鑫生态农业有限公司流转陡沟村土地 1200 亩作为种养实验基地,现有固定合同员工 15 人,日常劳工 100 人。安徽省亮鑫电子商务有限公司,2018 上线"农粮驿站"电商平台,融合扶贫的创新模式,建立了覆盖固镇县全域 11 个乡镇和 18 个贫困村与 50 个非贫困村的县、乡、村三级农产品流通网络,利用"互联网＋农业"实现贫困户和农户自种自养农产品上行,在网上架起了联系消费者和农户的桥梁,将社会扶贫的爱心以消费刺激发展的形式"点到点"精准传递到贫困户家庭,鼓励农户和贫困户发展家庭产业,整合培育乡村主导产业,实现脱贫攻坚和乡村振兴的无缝对接。组织架构为县级运营管理、售后服务,各乡镇组织备货、运输服务,各村组织农户生产、订单服务等。具体为:以产业兴旺为重点,指导各村驻村扶贫干部整合市场要素,在村级站点对接"农粮驿站"电商平台,发展"一村一品",推动村级产业发展;以深加工为载体,带动乡镇站点统一农业生产、加工订单管理标准,并培育农村电商从业者,开发"一镇一业",推动小城镇农副产品深加工产业体系;通过县级"农产品追溯检测售销运营中心"对待售农副产品统一追溯、集中检测、冷链保鲜、包装上市,发展"一县一标"的追溯体系和品牌体系。

【创业者故事】

黄计亮是一位地地道道从贫困村走出来的有志青年。19 岁中专毕业的他,孤身一人去上海打工,因其脚踏实地、埋头苦干的精神品质,5 年后他成功成立了一家公司,主要从事企业管理培训方面的工作。又过了 5 年,他成立了自己的第二家公司,主要经营石油设备进出口业务。经过 18 年不断打拼,两家企业发展得有声有色,成功实现了自己定居大都市的梦想。一次偶然的回乡探亲,让他最终决定放弃上海优越的生活环境,正式涉足农业领域,开启新的事业。

返乡探亲开创新事业

2016 年春节,黄计亮回到老家固镇县石湖乡陡沟村探亲,期间结识了村党支部第一书记、扶贫工作队队长童俊杰。在童俊杰的介绍下,他了解了国家精准扶贫政策和村里的基本情况。许多年过去了,虽然国家经济高速发展,但有些地方的农村依然贫穷落后。这让他很受触动,家乡的状况让他从内心深处想通过自己做出一些改变。当时的童俊杰是市里下派的干部,工作三年期满后又自愿申请再留三年,决心一定要把陡沟村带脱贫。童俊杰的精神深深地感染了他,他认为连童俊杰一个外乡人都能有这样的决定,自己为什么不可以?那年春节还没过完,他就决定暂时放弃上海市优越的生活条件,回到家乡从事农业,带领村里的乡亲父老一起创业,努力实现脱贫致富。

同年,他投资 600 余万元注册成立了安徽省绿鑫生态农业有限公司,并依托电商扶贫政策在固镇县开发成立了拥有自主知识产权的"农粮驿站"电子商务平台,通过土地流转、订单采购、整合地方农业资源等方式,在陡沟村试点实行"农粮驿站电商＋基地＋农产品收集点＋贫困户"的帮扶模式,利用互联网经营销售地方生产的农产品,致力于解决农民特别是贫困群众农产品信息不畅通、销售难的问题。

在他看来,家乡的很多农产品其实在当地的口碑已经非常不错,但由于农村地区物流成本比较高,农民信息不畅通,很多村民家中的优质产品无法对接市场。为此,黄计亮的公司先在"农粮驿站"电商平台将贫困户家中农产品进行分类,统一上架后向市场推介,消费者可以在 APP 上将准备采购的商品直接下单确认,同时客服按类区分,采购人员直接上门收购贫困户家中农产品,再进入检测包装处理中心,最后通过快递送到消费者手中。

黑花生、烤鸭蛋、禽蛋类、大米类、酱菜类,大到整只羊、小到芋头糖,村里有什么,黄计亮就卖什么,或者说市场需要什么,黄计亮就安排农户生产什么。他始终认为,农产品就应该卖出乡愁、卖出生态、卖出回忆,甚至卖出情怀。打开农粮驿站 APP,网红热销品不少,尤其本地农产品基本全是畅销货,平台机制其实很简单,就是始终坚持做到农户生产、货真价实、生态质优。

黄计亮不仅通过"农粮驿站"APP 实行透明的农产品生产追溯管理,同时还将其定义为"电商扶贫平台",利用"互联网＋"自下而上将贫困户自种自养的农产品实现上行,在网上架起了联系消费者和贫困户的桥梁,将社会扶贫的爱心"点到点"精准传递到贫困户家庭。消费者可以在"农粮驿站"电商平台"兴农扶贫"板块认购贫困户农产品,以此鼓励贫困户发展家庭产业,实现可持续脱贫增收。几年下来,"农粮驿站"不仅带动贫困村贫困户从事订单生产、加工就业、合伙经营、快递运输等,还将全县 11724 户贫困户农产品信息纳入其网络销售系统,同时为贫困户自种自养农产品对接市场销售提供兜底保障,且贫困户可在产业链任一环节获得收入。

激发贫困群众内生动力

如今,年轻农民大多外出谋生,留守在家的农民缺乏致富门路,更缺乏致富的内生动力。随着黄计亮公司的带动,农户在家门口既能挣钱还能照顾家庭,增强了脱贫致富的信心。最初,带贫务工种植的水稻并不好卖,只能低价销售稻谷,眼见着成堆的稻谷无法转变为经济效益,黄计亮犯起了愁,甚至对自己未来的"带贫发展"感到一阵迷茫。

我们为什么不能生产大米,直接销售成品呢?这一自问,让黄计亮重新燃起斗志。于是"陡沟村大米"应运而生。生产、加工、包装、设计标签等,十斤装和一斤装的品牌大米竟成为网上爆款产品。贫困户跟随"农粮驿站"订单种植的水稻销路打通了,大米加工和包装环节需要更多的贫困劳动力参与务工,本地送货需要具有一定技能的贫困劳动力配送。"农粮驿站"的组织化经营激发了贫困群众投身农业生产的积极性,促进了农民对提升农产品质量的新要求,越来越多的贫困户加入"农粮驿站",贫困户的收入也由单一种植收入增加为"土地流转收入+订单生产收入+务工收入+分红收入"。就这样,通过带领团队一手打造的"农粮驿站"APP,分别在线上零售、线下批发、线上展示、线下配送、扩大销售渠道等,成功帮助贫困户在农业生产、加工、网销和快递等环节都能够实现获得一定的收入,同时还能增加其劳动技能。

"农粮驿站"上线以来,通过电商平台把一家一户的小生产与全国大市场连接起来。原先这些村里最常见的东西,一搬到网上,立马成了"香饽饽",城里人非常喜欢。在"农粮驿站"陡沟村展厅里,摆放着米砖、成盒的土鸡蛋、灌装的腌制品等包装好的 20—30 种"高颜值"农产品。农村地域性的农产品,因其正宗和老口味,颇受当地人的喜爱,但缺少包装和营销,外地人根本不知道,附加值也提升不上去。然而"农粮驿站"让农产品搭上了"电商快车",从以前的农产品找买家,到现在的买家来找农产品。电商平台接到订单后,采购人员到贫困户家中收购农产品,家禽类送至固镇县统一的定点屠宰场初步加工,随后进行检测、包装、装箱、发货,本市范围内公司直接配送,外埠区域通过快递公司送达。

在黄计亮心中,"农粮驿站"是诞生在贫困村里的民间智慧,村是生产平台,户是流水线,网络是媒介。因为得到了贫困户和当地老百姓的认同,不少贫困户都跟着"农粮驿站"做起了买卖,老黄家种菜、老吕家养鸡、老孙家喂鹅。陡沟村贫困户吕计诚 2018 年家庭养殖的 400 多只鸡没出家门就销售一空,2019 年专门建设了养殖大棚,扩大了养殖规模,还带动 4 户贫困户一起发展。通过构建村户企联动利益联结方式,采取村以公共资产入股、贫困户以土地或资金入股的机制,实现了每年村集体经济收益达 6 万元及以上,同时贫困户可获得 0.3 万元及以上的收益。

全面布局打通流通网络

因贫困户居住空间分散,种养结构分散,流通成本无形增加,偶尔还会出现脱销的情况。为畅通贫困户农产品流通网络,黄计亮通过"农粮驿站"搭建了覆盖全县 11 个乡镇的县、乡(镇)、村三级电商扶贫流通网络。首先是搭建村级农产品收集点网络。收集展示村内的农产品,由驻村扶贫队长和帮扶责任人对贫困户及村内产品进行整合,在村级站点对接"农粮驿站"扶贫电商平台,推动村级产业的发展,带动订单销售,实现消费扶贫模式的运行。其次是搭建乡(镇)电商运行点网络。各村培育出的产品由乡(镇)站点统一管理协调,对于相近且产品类似的村,可以区域调整融合;对乡村电商从业者集中培育,从产业培训转化为产业提升,提升农村电商从业者的规模和能力。再次是搭建县级电商检测分装运行中心。各乡(镇)收集的农产品集中进行检测、分装包装、物流发货,按照品类和工序功能精细化区分,全过程控制农产品质量监管,引领电商企业和平台对自身销售的产品质量负责,统一处理网购可能引发的纠纷等。最后是采取三级扶贫网络标准操作模式。村级站点整合产品信息,并录入销售网络;乡(镇)站点由专职信息员和电商经纪人定期传达市场行情及种养规模预警,将统一收集的农产品送至县级中心,精准对接贫困户和产品信息,减少农产品流通时间。县级中心发布和管理订单,监测订单流通去向,并将农产品统一检测、统一包装、统一销售,计划通过上述四步,逐渐打造出具有固镇特色的"一县一标、一村一品、一户一码"电商扶贫及乡村产业发展模式。

新农人黄计亮通过自己设计的"四化"经营理念,即规模化生产网络销售全产业链、技能化培训提高创业技能、品牌化发展壮大电子商务扶贫规模、公司化经营促贫困户增收,带领家乡村民们成功走出了一条具有固镇特色的农村电商扶贫创新之路。其工作总结《建立"农粮驿站"电商平台 带动农副产品销售——安徽固镇县电商扶贫的成功实践》最终获得中国国际扶贫中心、联合国粮农组织等国际机构评选的"全球 110 个最佳减贫案例"。

清醒认识当前困难

真正进入农业领域创业,黄计亮付出了很多心血和学费,他发现仅凭借着情怀,无法真正实现盈利,更无法带动农业的提升和发展。经多年的探索,他发现存在如下问题需要逐一解决:一是农业盈利难,大部分农业从业者起步门槛不高,短期盈利,但长期经营处于亏损状态,农产品滞销和种养殖业陷入规模越大、亏损越多的恶性循环;二是农业生产隐形成本高,投资周期长,贷款难,受不确定的因素影响多;三是农产品销售价格不稳定,种植品种单一以及小农户盲目跟风,种养殖产品附加值太低,单价随行就市、风险预估和判断能力低;四是农产品仓储瓶颈,农产品流通冷链仓库较少,规模上不去;五是农业投资者盲目乐观。在上述复杂的因素下,投资者自认为农业补助高,没有真正认识到农业的巨大风险,缺少市场需求预判,对终端消费缺少必要的营销渠道,造成现代农业前景非常广阔,一旦进入就亏本的怪圈中。对此,他始终保持清醒的农业创业发展意识,在深入研究国家各类支持农业发展政策的基础上,借鉴当地新型农业经营主体成功和失败的经验,转变思路、整合资源、创建团队,制定了安徽省绿鑫生态农业有限公司五年发展规划,探索出了整合地方产业的线上线下融合模式,着手进行自主知识产权的"农粮驿站"电商平台的开发、推广和应用。反向以农产品整合、销售为突破口,打通农业生产、经营、销售的瓶颈,利用"互联网+农业大数据"帮助农村分散的小农户实现户内自种自养农产品上行,在网上架起联系消费者和农户的网络桥梁,引领农村电商的创新创业之路。

农业需要耐心与坚持

选择农业,是因为黄计亮从小在农村长大,自认为对农业产业化体系的建设非常熟悉,干农业不会有问题。但在实践道路上,他绕了无数个弯,撞得头破血流,获得了印象深刻的惨痛教训,对现代农业和农业供给侧改革有了新的认识。现在回想在和村民签订租地合同时,他就犯了第一个大错,过于乐观预估土地带来的收益,而完全忽略风险和成本。在投入前的构想是每年固定投入 200 万元资金,用稳定资金投入不断扩大种养面积,实现农业规模化发展的。在预付每亩每年 1000 元的土地流转租金后,带着村民满腔激情改造低洼地,建沟渠、修道路、架电线、购农机,因为对地方政策完全不了解,也找不到对应的门路,完全依托个人投入资金把低洼的土地全部改造成可以实现综合种养的高标准农田。还未开始种下去,自有的 200 万元资金就已付诸东流,农业时节不等人,不得已又额外调回 100 万元用于后续运转,想着等几个月收获后再把 100 万元抽回。但是,梦想狠狠地被现实摧残,看似完美的绿色水稻集约化综合种养方案,种粮的成本比传统种植高出几倍,销售端却无法对等卖出高价;若想获得利润,则需要在精深加工上追加更多的投资,通过打造品牌和口碑销售成品大米盈利。口碑和品牌传播都不是短期能够见到效果的,就这样进入了一个高投资、周期长、回报低的循环中无法自拔。

2016 年起,为种植高附加值的蔬菜等经济作物,他又回调资金继续扩大规模。由于对农副产品行业不熟悉,再次陷入了另一个"泥潭",即蔬菜等经济作物的日常管理需要就地使用大量劳动力,鉴于农村青壮年劳动力均外出务工,留守农民的整体素质又偏低,管理难度加大,技能劳动力严重短缺、供不应求,导致隐形成本及用工成本猛增,种植面积越大,亏损越多;再加上对农产品销售行情缺乏了解,又难以解决农产品挑选、分拣、运输成本的问题,造成投入和效益严重不对称,出现连续亏损的严重问题。通过三年多的摸爬滚打,他以付出个人资金 700 万元的代价,总结出了一套详细完备的农业发展整体方案,即农业不是真正意义的商业体系,只有把政策和市场化完美结合才能找到发展的路径,只有带动产业和深加工体系建设才能有效对接市场,只有整合产业信息和打通物流体系才能提高效率与压缩成本,只有提升品牌价值和推广累积口碑才能产生盈利与可持续性发展。因此,农业是需要耐心和坚持的一个传统行业,只要坚持才有稳定发展的可能。

农产品触网,产品变效益的快速通道

通过敏锐的市场嗅觉和精明的营销模式,他将"农粮驿站"农村电商的知识产权牢牢掌握在自己的手里,不仅打开了县域扶贫产业和乡村产业发展的新篇章,还有效带动固镇县 2400 多户贫困户发展户内农副产品生产加工,通过电商网络将贫困地区的特色农副产品销往全国各地,实现了农产品"触网",乡村货仓,也为农村实干的群众提供了一条足不出户就能够将产品变成效益的便利渠道,营造了勤劳致富的良好氛围。蚌埠市市长王诚评价黄计亮:"人勤地不懒,处处是金山。"

提升完善传统农业产业链

地域性的农产品,因其正宗和老口味,颇受当地人的喜爱,但缺少包装和营销,外地人根本不知道,附加值也提升不上去。黄计亮在总结各类新型农业经营主体失败经验的基础上,用农村电商全方位延伸农业产业链,将农村产业供需两端延长,减少了多层采购中间商,实现农产品田头直通餐厨。

一是探寻农业瓶颈、开辟新路径。 黄计亮在农业领域创业中遇到农业投资大、回报周期长、利润低、技术要求高、分拣技术要求强、物流体系复杂、渠道对接受阻的种种困难,探寻通过规避追求高端化,减少无节制增加建设成本;通过规避片面考虑前期准备工作,疏忽后期运营资金投入的合理规划;通过收回好好干就会有好收成的盲目乐观心态,重新审视农业管理经验的教训,开辟出了一系列新路径,应当积极用全局性眼光看待大农业,明确了资金仅用于扩大生产、做相应的宣传、提升企业整体实力、建立农业企业发展储备资金周转池等,避免盲目的投资;应当主动出击对接销售渠道,避免农产品收获后坐等别人来收的现象;应当调整习惯性单打独斗的心态,避免企业发展始终停留在创业初期的状态;应当改变产业单一的思路,因地制宜、因村施策,帮助农村完成产业发展"一村一规划",就地布局延伸农业产业链,形成现代农业产业集群。鉴于对农业更深层次问题的总结和提升,因此决定从整合销售进行突破,在"农粮驿站"电商平台上行的基础上,部署适合固镇县当地的农业全产业链。

二是对接农户,整合户内产业。 黄计亮系统性地对农业短板进行总结,利用在上海创新创业形成的先进理念,以农业产业为基础,从订单采购到整合地方农业资源等方式入手,利用互联网帮助带动农村群众和贫困户发展生产、销售农产品。2018年"农粮驿站"电商平台除了对接市场外,还上门收购、统一销售,根据农户不同产品设计包装。这不仅激发了贫困户投身农业产业发展的积极性,也促进了当地农产品质量的提升,将固镇县农副产品包装设计、产品品质、营销渠道提高了档次。2019年实现农副产品销售额达1800万元,真实有效带动固镇县2224户贫困户,贫困群众人均增收1920元。通过对农业和电商的深度融合,实现了从田头到网销,公司化、市场化和规模化结合的运营模式,农户成为订单的生产者,更重要的是,黄计亮让贫困户看到了脱贫希望,实现共赢发展。

三是经营灵活,符合当地实际。2020 年突如其来的"新冠病毒"疫情造成了固镇县大量的农副产品滞销,与此同时,城市居民无法外出买菜,影响了居民生活。"农粮驿站"作为农村电商平台,在发挥本地优势,解决农产品出村,防止出现卖难和断供,畅通农业生产资料、物流通道等方面发挥出极大的促进作用。"农粮驿站"成了城市居民的"米袋子、菜篮子",在保供应、促复产、达增收等方面,成为农业产业发展融合农村扶贫的先进典型,国内各大媒体争相报道,一时声名远扬、赞誉广泛,收获了良好的经济效益和社会效益。

村产业和电商的融合发展

"农粮驿站"电商平台诞生在贫困村,立足于服务农业发展。黄计亮从开始就没有考虑将"农粮驿站"发展成为利润更大的工业品下行类综合性的电商销售平台,而是形成了一套可推广、可复制的坚持立足农业、深挖农村传统产品、寻求特色化经营的可持续发展的"独门秘籍"。

一是助力扶贫,深耕农村电商。"农粮驿站"以固镇县域为核心进行农副产品整合上行、安全检测、分装、冷链物流,将全县分散的农产品在县级运营中心集中后,统一对接市场销售,并帮助当地具有经营能力的农户和贫困户开设自己的网络店铺,免费提供培训指导等服务。"农粮驿站"通过网络把空间分散的一家一户小生产和全国大市场连接起来。黄计亮帮助农户和贫困户从以前的农产品找买家,到现在的买家来找农产品,将村庄建设成生产平台、把农户打造成流水线、网络媒介全部串联起来,得到了贫困户和当地老百姓的认同,不少贫困户都跟着黄计亮做起了买卖,陡沟村贫困户吕计诚 2018年家庭养殖的 400 多只鸡没出家门就销售一空,2019 年专门建设了养殖大棚、扩大了养殖规模。黄计亮构建了村户企联动利益联结方式,村以公共资产入股、贫困户以土地或资金入股,每年村集体经济可获得 6 万元及以上的收益,贫困户可获得 0.3 万元及以上的收益。通过户内产业整合、包装升级、注册商标等方式,带动了一批初具规模的家庭作坊发展,小农户的家庭生产已经成为"农粮驿站"电商平台的货源生产线,大幅增加了农民收入。

二是"线上、线下"融合促进双增收。通过"电商＋公司＋农户"模式,对贫困户农产品实行订单生产,带动了贫困户扩大特色种养规模;构建了村企户横向联动、纵向联合利益联结机制,形成了集订单、加工、销售和大数据服务生产于一体的运营模式;实施农产品生产追溯管理透明化,通过线上订单销售、线下实地体验,特色农产品源源不断地销往全国各地,并促进了当地的经济发展。市民想购买土鸡和鸡蛋等地道农副产品,但是没有办法直接对接生产源头,贫困户通过户内产业发展种养出来的农副产品,又很难快速及时销售出去,给双方都带来了不便。为了供需有效结合,满足消费者不同的消费需求,黄计亮全方位规划,精准对接供需双方,一方面在"线上"架起了联系消费者和贫困户的桥梁,每周固定采购贫困户自种自养农产品,让贫困村优质农产品走出村子、走进城市;另一方面在"线下"做好农户的生产技术服务,指导农户和贫困户更加丰富、差别化地发展家庭产业,保证食品安全,做到入户消费去向透明,让销路转变为农户的致富动力。从帮助贫困户卖一只土鸡、卖一斤蔬菜开始,引导贫困户持续发展家庭产业;采购非贫困户的质量更好的农产品,鼓励贫困户向非贫困户学习,提升自己农产品的品质。

三是农业资源整合形成主导产业。为了开拓更大的市场,"农粮驿站"发挥了整合帮扶单位资源的作用,引导了蚌埠市和固镇县若干企事业单位参与消费扶贫。正是这种有效联络,黄计亮和"农粮驿站"逐步被全社会熟知,参加了市、省农展会,各行各业的年会和爱心购销等社会活动,并和招商银行等知名企业建立了消费扶贫对接农副产品专题直播合作,在直播活动中代言贫困户的农产品;在对接销售过程中,采购人员将贫困户家里的整个收购的过程用影像记录下来,随农产品一并发送给消费者,增加了消费者网购体验的好感度和信任度,吸引了更多的社会爱心人士参与到消费扶贫工作中。另外,通过黄计亮的不断努力,固镇县 18 个贫困村也加入到"农粮驿站"的生产销售体系中,成为固定的农产品生产供应单位。

形成可推广复制的"农粮驿站"县域经营模式

"农粮驿站"为保持争先进位的态势,做好农业试验基地的种养推广,深化贫困户及乡村产品的收集、整合、包装,结合乡村实际特点订单再生产,优化产品结构调整;建设县级农产品供应链产业运行中心,对农副产品进行分类、检测、包装、储存和流通综合管理及统一品牌销售,实现脱贫攻坚和乡村振兴的无缝对接,打造出具特色的县域电商产业模式,建成可复制、可推广的农产品上行电商扶贫和乡村产业兴旺的典型案例。

一是探索"一体化数据＋乡村产业带动"的县域模式。探索"一体化数据＋乡村产业带动"的县域农村扶贫电商模式,推动农村电商升级提档。紧跟政策方向抢抓机遇,不遗余力探索乡村电商发展,"农粮驿站"注重食品安全和品牌建设,为农产品生产源头追溯和体验式消费提供载体。随着"农粮驿站"影响力不断扩大,带动部分贫困户开办"农家作坊",统一包装贴标,扩大销售渠道。固镇县刘集镇贫困户刘安胜是一名四级视力残疾人,右眼失明,左眼只有 0.01 的视力,黄计亮帮其开办了绿豆饼家庭作坊,通过"农粮驿站"刘集镇镇级运行中心的引导和带动,刘安胜自己加工的绿豆饼在网上销量一举突破 20000 斤;2018 年,刘安胜通过农村电商销售不仅实现本户的脱贫致富,同时还带动了另外四户贫困户生产,每户每年可增收 6000 元左右。如今,像刘安胜等这样的农村致富带头人,在黄计亮和"农粮驿站"的护翼下,实现了自身跨越,也带动了贫困户脱贫,而且实现了产业化、规模化和多元化良性发展。

二是形成"农粮驿站"独有的"一村一品、一镇一业、一县一标"体系。以产业兴旺为重点,依托完善的县、乡、村三级农产品流通网络,发挥驻村扶贫干部整合市场要素的作用,在村级站点对接"农粮驿站"电商平台,发展"一村一品",推动村级产业,实现消费扶贫模式的下沉;以深加工为载体,通过乡镇站点统一农业生产、加工订单管理标准,并在深加工中培育乡村电商从业者,开发"一镇一业",推动小城镇深加工产业;以农产品安全为保障,固镇县"农粮驿站农产品全产业链运行中心"对待售农产品统一追溯、集中检测、冷链保鲜、包装上市、仓储物流,全过程控制农产品质量追溯监管,发展"一县一标"的追溯体系和品牌体系。

整合资源的乡村带头人

黄计亮依托安徽省绿鑫生态农业公司(农粮驿站农村电商)开创了县域〔县、乡(镇)、村〕三级电商扶贫及农产品上行电商模式,在推动村级产业的发展、带动订单销售、产业区域调整融合、农产品视频追溯、质量检测、分装包装、物流发货等方面发挥了创新引领作用,探索出了一条具有地方特色的县域电商扶贫创新道路。安徽省扶贫办、固镇县扶贫办向国家和世界倾力推荐的《建立农粮驿站 推动现代农业产业链发展——安徽固镇县农副产品产业与电商深度融合》成功入选"首届全球 110 个最佳减贫案例、全国电商精准扶贫案例 50 佳",为全球减贫贡献了农村电商及扶贫经验。

【创业总结】

农村不缺乏产品、不缺乏能人、不缺乏发展平台,但缺乏像黄计亮这样的能够将产品、思路、平台串联起来的发展能人。黄计亮成功的启示是招才引智,他成为具有典型性的农民致富带头人;到户帮扶,树立了电商扶贫政策导向;因地制宜,培育了乡村产业、电商带贫发展的土壤;与时俱进,闯出了"互联网+农业"的致富道路;黄计亮成功的秘诀是实干兴业,坚定了农户脱贫致富的信心。但是,黄计亮返回家乡从事农业产业体系建设五年多来,虽然创办的安徽省绿鑫生态农业有限公司(农粮驿站)对于固镇县农村的带贫、扶贫作用有目共睹,取得了良好的社会效益,但今后公司怎样才能提高盈利能力,获得应有的经济效益,有以下几个方向可以选择和借鉴。

第一,自我"造血"。借助知名度越来越高,打造爆款产品,在短时间内获取客户流量,同时带动旗舰品类、利润品类等产品的获利转化。

第二,外部"补血"。政府根据扶贫政策,为公司运营的相关支出和交易支付费用。通过政策资金的拨付,间接地降低公司运营成本,提高经济效益。

可能还有第三条路,农业公司发展的不确定性因素太多,如果发展到一定程度,达到一定的知名度,创造出一个先进的农业发展模式,也不排除获得某大企业或大型电商的引流和收购重组,在更具实力和运营经验更丰富的大公司管理下更好地发展。

刘德治
上山下乡怀壮志,战天斗地绘新图

　　刘德治是一名敢为天下先的电商援疆创业者,他看准了新疆所蕴含的巨大潜力,选择以电商作为切入点,在新疆成立了全国首家以电子商务名字命名的农民专业合作社,对于场地、社员、渠道等问题,他一一去解决。作为"农业产业链＋互联网"的实践者,他在阿克苏建立"基地农户＋合作社＋龙头企业＋全国终端"经营模式,并专注研究实践农村电商,整合优质农产品供应链体系,以电商新思维带动农户抱团发展、增收致富。

【个人简介】

　　刘德治,男,1981年出生,汉族,中共党员,大学本科学历,浙江温州人。阿克苏丰果农业电子商务专业合作社理事长、杭州攒劲投资管理有限公司总经理、新疆红枣协会理事。刘德治是"农业产业链＋互联网"模式实践者,在阿克苏建立"基地农户＋合作社＋龙头企业＋全国终端"经营模式,并专注研究实践农村电商,整合优质农产品供应链体系,以电商新思维带动农户抱团发展、增收致富。2014年,他创办阿克苏丰果农业电子商务专业合作社,带领合作社曾获过"全国电子商务示范企业"(商务部)、"国家农民合作社示范社"(农业农村部)、"新疆维吾尔自治区电子商务示范企业"、"互联网＋农业产业链"示范企业等多种荣誉;他本人曾获过"新疆维吾尔自治区青年科技创新创业人才"、杭州市高层次人才、永嘉县第九轮专业技术拔尖人才、温州市优秀青年志愿者等多种荣誉。刘德治在创业创新方面表现突出,合作社也多次得到各级领导视察和肯定,被各级新闻媒体多次报道。

【创业感言】

不是每一朵花都能盛开在雪山上,雪莲做到了;不是每一棵树都能屹立在戈壁滩上,胡杨做到了;不是每一个人都能来援疆创业,我做到了。上山下乡怀壮志,战天斗地绘新图。荣誉已经属于过去,但创业永不止步。创业困难无其数,只要坚持创业创新,遇水搭桥,逢山开路,聚焦深耕,戈壁沙漠也能变成金山银山。

【组织简介】

阿克苏丰果农业电子商务专业合作社成立于 2014 年 8 月,注册资本503.17 万元,是全国首家以电子商务名字命名的农民专业合作社,是全国唯一一家获得两个"国字号"荣誉的合作社,分别是商务部"2017—2018 年全国电商示范企业"和农业农村部"国家农民专业合作社示范社",也是民族团结、智力援疆、产业援疆的典范企业之一。合作社主营产品有阿克苏苹果、核桃、红枣以及其他新疆干果食品等。合作社目标是打造"农业产业链＋互联网"的商业平台,建立"基地农户＋合作社＋龙头企业＋全国终端"经营模式,进一步整合优质农产品供应链体系,以电商新思维带动农户抱团发展,致力于为消费者提供健康、原产地、原生态的特色农产品。现有合作社理事长 1 名,副理事长 8 名,社员 188 人,种植土地 2 万多亩,辐射带动农户 2000 余户,直接解决贫困户 25 人就业,间接带动贫困户 200 户。合作社实施了"统一种植、统一采购、统一标准、统一生产、统一品牌、统一销售"等"六个统一",提供了"农资服务、溯源服务、技术服务、培训服务、托管服务、金融服务"等"六个服务",并初步建立"安全可预警、源头可追溯、流向可追踪、信息可存储、身份可查询、责任可认定"等"六个可以",初步解决了社员"卖货难"和消费者"食品安全"问题,增强了社员和消费者信心。合作社获得"全国示范社"、"全国电商示范企业"、"自治区互联网＋农业产业链"示范企业、"电子商务示范企业"等多种荣誉。合作社通过电子商务不断推进产业扶贫、电商扶贫、消费扶贫,从而带动贫困地区抱团发展、脱贫致富。合作社多次组织优秀农户培训学习;多次组织参加上海国际食品展、浙江农博会等展会;多次接待自治区和浙江参访团、参观团等;多次受到中央和地方等领导视察、关注及肯定;多次被中央电视台、新疆卫视、凤凰网等媒体采访和报道，引起社会广泛关注，合作社的工作起了很好的示范带动作用。由于合作社创新创业实践，合作社的知名度和美誉度得到不断提高，阿克苏的特色农产品受到了广大消费者的认可和喜爱。

【创业者故事】

刘德治是一位地地道道的温州人，出生在农村，生在温州，长在温州，身上流淌着温州人的创业精神。2003年大学毕业的他，孤身一人去福建创业，从事鞋服营销工作，走南闯北。经过10年的创业历练，发挥脚踏实地、艰苦奋斗的精神，刘德治早已从初出茅庐的大学生蜕变为有一定创业基础的创业青年。2014年，一次偶然的亲戚春节聚会，让刘德治萌生了到新疆闯荡的念头，正式开启了援疆创业之路。

带着"手机和鼠标"去援疆

改革开放后，温州人凭借着"敢为人先，特别能创业创新"的温州人精神，温州创造了举世瞩目的"温州模式"。哪里有市场，哪里就有温州人。当时在祖国的西北阿克苏，大约有2万温州人在当地经商，他们大都从事棉纺业、商品流通等行业。他们很早就背井离乡，投奔到新疆经济建设大潮中，涌现出一批批创业成功的温州商人。刘德治的很多亲朋好友也在新疆经商，经常听到他们的成功创业故事。在他们的耳濡目染熏陶下，2014年春节亲朋聚会上，刘德治动起了一个念头：有机会去新疆看看，看看有没有商机？这颗原始的种子就在刘德治的心里生根发芽。自从"萌芽"之后，刘德治利用各种机会关注新疆，对新疆有了基本的了解。随着时间的推移，这颗种子逐渐"发芽"。那选择什么样的机会切入呢？刘德治综合分析后，选择从当时热门的"农村电商"切入。刘德治认为，新疆创业正当时，当时新疆是西部大开发、"一带一路"、精准扶贫的交汇点。从国家层面来讲，当时国家在推进"一带一路"和电商进农村；从地方层面来讲，各地在如火如荼开展对口支援新疆工作；从行业角度来讲，当时食品安全事件层出不穷，国家对食品安全越来越重视，消费者渴望吃到健康安全的食品。而新疆日照长，辐射强，昼夜温差大，得天独厚的光热资源和纯净无污染的自然生态系统，造就了这里的特色优质农业。阿克苏是塞外江南，农业资源得天独厚，又是浙江对口支援城市；杭州又是电商之都,消费潜力巨大。亲朋好友的熏陶,地方资源的碰撞,行业市场的需求,刘德治认为,创业条件已初步具备,他决心到阿克苏闯一闯。

2014年8月,刘德治在杭州援疆指挥部的牵线搭桥下,毅然踏上电商援疆的征程,成功注册阿克苏丰果农业电子商务专业合作社,成为全国首家以电子商务名字命名的农民专业合作社。为解决新疆优质农产品"卖货难"和消费者渴望健康食品等两个"痛点",他利用电商援疆的机会,梦想在阿克苏复制杭州电商成功经验,改变落后的传统农业,让祖国的西北也能插上电商的"翅膀",把电商"引进来",让优质农产品"走出去"。

"网上丝路",从杭州出发。以前知青是带着"锄头"下乡,现在他是要带着"手机和鼠标"下乡。合作社致力于优质原产地产业链建设,为消费者提供健康、原产地、原生态的特色农产品。这不仅是刘德治援疆的心愿和梦想,也是合作社的初心和使命。

初心很美好,理想很丰满,但现实很骨感。真正进入农村电商创业领域后,一个个"创业坎"接踵而至。

面对创业艰辛,选择坚守还是放弃

来新疆之前,新疆令人感觉既神秘又危险。当时新疆处于反恐最前沿,非常敏感。来新疆之后,刘德治既兴奋又紧张。一方面,人生地不熟,背井离乡,水土不服,形势又比较紧张;另一方面,新疆瓜果飘香,风景漂亮,农民好客,他被这里的风土人情所深深吸引。刘德治并没有被各种困难所吓倒,不忘初心,决心选择坚守。2015年9月18日发生新疆拜城煤矿暴恐事件,当时整个阿克苏形势非常紧张,街道上到处是武警人员,每个场所和关卡都要检查,工作上产生了很多不便。家里人担心他的安危,纷纷劝他回浙江。但他深知,现在回去等于前功尽弃,相信党和政府的维稳政策会越来越有效,形势会越来越好,合作社也会茁壮成长。他觉得从某种意义上来讲,新疆又是最安全的,人人参与维稳,处处设卡检查,恐怖分子毕竟是少数,在强大的人民群众面前,他们犹如过街老鼠,人人喊打。记得有一次跟农户收购核桃,要装好30吨核桃发货。由于工作量大,不仅要向农户组织货源,而且要装货验货,一直装到了凌晨3点。没有灯光,就用车灯开着照明;肚子饿了,与维吾尔族人员一起吃馕充饥。由于太晚了,天又很黑,一片空旷的田野,没有人烟。大车司机是内地来的,不敢单独开车,硬要叫他们陪同开出田间地头,开到主路才放心,可见当时形势确实很严峻。

面对电商援疆，选择"默默无闻"还是"全国知名"

千里迢迢闯新疆，人生地不熟，面对"无场地、无人员、无渠道""三无"窘境，电商市场几乎一片空白，电商创业又如何突围？刘德治深知，只有创新才能走出困境。他一边摸索，一边学习，不断成长。刘德治创业初期就意识到，没有社员加入，合作社等于"空壳"。空壳合作社，可以选择默默无闻。但刘德治不甘心，千里迢迢来新疆电商援疆，不做出一定成绩就无脸回家。刘德治痛下决心，决心要把合作社从默默无闻的合作社打造成为明星合作社。目标和方向已确立，那合作社第一步该如何吸引农户？刘德治做了如下工作：争取阿克苏政府、杭州援疆指挥部的认可和支持，拿到政府背书；制作合作社宣传手册，让农户直观明白加入合作社的好处；利用各种活动，为合作社造势，提高知名度；实实在在为农户排忧解难，通过电商销售农产品；通过电商培训、开设网店、杭州展销中心、杭州前置仓等一系列电商建设举措，带动当地农户和青年纷纷加入电商的行列。

后来在创业实践中，合作社不断碰到各种售后服务和品质问题，刘德治深深体会到，没有完善的供应链，电商也只能是"空中楼阁"。光做好电商还不行，还要搞好产地品控。"天线"和"地线"要结合，线上和线下要并轨。他经常在阿克苏和杭州两地来回奔波，一边不断引进电商经验技术，一边不断深入田间地头，同农户打成一片，搞好基地建设，搞好品控。功夫不负有心人。在刘德治的带领下，合作社初步建立"农业产业链＋互联网"体系，并成功创建"基地农户＋合作社＋龙头企业＋全国终端"经营模式。

通过几年的努力，合作社顺利承担起"疆果东送、浙产西进"这个重任，一步一个脚印，成了当地明星合作社。合作社从由原来的5人增加到100多名社员，合作社由默默无闻一路成长为市级、自治区级及至国家级电商示范企业。合作社是全国唯一一家获得"农民专业合作社国家示范社"和"全国电商示范企业"这两个国家荣誉的合作社。

面对电商扶贫，选择"单打独斗"还是"带农增收"

刘德治大力发展合作社的同时，深切体会到，合作社宗旨就是互帮互助，光自己做好还不行，只有大家好了才是真的好。帮助别人就是帮助自己。他积极推进电商扶贫，积极向贫困户和少数民族同志收货，解决他们"卖货难"问题；组织优秀农户参加培训学习；培训并引导潜力农户开设微店、淘宝店直销;同时合作社积极引导社员进行农业电商规划、设计、运营、推广、客户等服务;在电商产业园设立办公地点,并设立了农户电商咨询处,及时解决他们在生产过程中的问题;投入建设阿克苏特色农产品电子商务服务中心和杭州展销中心等"两个中心",并设立杭州前置仓。资源与社员共享,初步解决了新疆特色农产品物流瓶颈和卖货难问题,提高了用户购物体验,增加农民收入。合作社的工作起了很好的示范带动作用,刘德治成了当地创业创新示范带头人。

深挖特点,求精而不求多

刘德治一直觉得自己是农民出身,天然对"三农"有亲切感。一路以来,他见过身边很多亲朋好友创业失败,也听过农业创业风险极高,农业是靠天吃饭,回报率又低。虽然知道农业之路风险极高,但由于机缘巧合和误打误撞,他最终还是投身于农村电商援疆创业之路。由于农业种植端风险高,他并没有从种植端切入,而是从电商援疆农业切入、从销售端切入、从轻资产创业切入,这样风险系数会低一些。虽然创业从销售端切入,但农业是一个产业链,每一个环节都息息相关。新疆农业往往受沙尘暴、冰雹、病虫害等影响较大,再加上当时"维稳"因素影响,而农业创业本身是一条艰辛之路;新疆电商发展相对滞后,观念也比较落后,电商人才又缺乏,导致电商援疆困难重重。在新疆从事农村电商援疆,要经得起诱惑,耐得住寂寞,守得住情怀,才能雨后见彩虹。

电商当时对阿克苏来讲"很时髦",农村电商援疆创业很容易引起关注。但是创业并没有一帆风顺,刘德治走过很多弯路。电商创业本身当时就困难重重,新疆网速慢,有时差,快递缺乏又效率低,路途又遥远,客户体验感差。物流是新疆农产品最大的瓶颈。吃一堑,长一智,刘德治及时调整策略和方向,扭转了农村电商援疆创业的被动局面。在创业实践中,创业很艰辛,现实很残酷,决策失误也交了不少学费。走过很多弯路后,深知"天线"和"地线"要结合,线上电商和线下农业要结合,两者缺一不可。没有农业供应链支撑,线上电商只能是"雾里看花";没有加上线上电商的"翅膀",农业还是落后的效率低下的传统农业。

刘德治结合自己创业实践,感悟很深:深挖一个"井",专注一个"卖点"。刚开始创业,什么都想做,全产业链、全渠道铺开,面面俱到,多路出击,结果什么都抓不到,反而血本无归。农业产业链是一个广阔的舞台,必须要抓住一个环节，要抓住一个单品，要抓住一个核心，做到极致才能有出路。做农业，必须学会定位，学会聚焦，学会断舍离，学会打持久战。熬得住叫出众，熬不住只能出局。俗话说得好：土豆拉一车，不如夜明珠一颗。正如浙大鲁柏祥老师教导新农人一样：做事情不是一万平方米只挖了一米深，一定是一平方米挖一万米深，要做专业化，而不是一味地做多。这是刘德治在创业实践中血与泪的教训和创业体会。

刘德治农村电商援疆创业，一路走来，有喜悦有彷徨，深知创业创新的艰辛，深知农村电商援疆创业所取得的成绩，离不开党的好政策，离不开当地政府、浙江省援疆指挥部的指导和支持，更离不开阿克苏广大电商小伙伴们的踊跃参与和广大农户的密切配合支持。感恩一路相伴。荣誉已经属于过去，创业永不止步。

问题要一个一个解决

刘德治刚来新疆时，创业刚起步，举步维艰。没有产地，没有人脉，没有农户，没有渠道，反恐形势又特别紧张。刘德治并没有被眼前的困难所吓倒，创业创新，他遇水搭桥，逢山开路，没有条件也创造条件上。

没有办公地怎么办？杭州援建阿克苏电商产业园投入运行后，他又第一个报名落户，亲力亲为，亲自参与装修，在电商园里与伙伴们开始了新的创业。漂亮的办公场所，先进的理念和企业文化，吸引了当地电商小伙伴们的加入、学习和观摩，得到了当地领导的肯定点赞。合作社的办公场所，成为阿克苏电商产业园的"样板工程"，成了一道亮丽的"风景"，为社员搭建了一个"合作之家"。

没有农户怎么办？没有社员，合作社等于"空壳"。刚成立的合作社，又如何得到农户的信任支持呢？刘德治在挨家挨户沟通中，深切地感受到，要想做好合作社，就得给农户带来实实在在的利益，如果做不到这一点，说再多漂亮的话也没用，别指望他们会加入合作社，更别提什么新鲜玩意电商。刘德治记得在合作社初期阶段，由于不认识、不了解，与当地核桃种植户沟通加入合作社时，被认为是骗子，碰了一鼻子灰，迅速被撵出果园，那种"窘境"他至今还历历在目。在与当地农户打交道过程中，让刘德治体会比较深的是，农民是最接地气，也是最讲实际的，也是比较讲感情的。刘德治亲自下田间地头，积极宣传合作社的好处，苦口婆心与农户沟通，与农户打成一片，更重要的是帮农户销售滞销农产品，真诚沟通和靠谱的行动得到了很多农户的支持,他们纷纷加入合作社。合作社在阿克苏温宿核桃林场、实验林场、红旗坡农场等农产品主产区建立了核桃、红枣、苹果等基地。

没有销售通路怎么办?由于新疆偏远,物流成为最大的销售瓶颈。光有好产品,若不能及时送到消费者手里,再好的产品也等于白搭。刘德治想尽办法,尝试在杭州设立新疆特色农产品前置仓,解决物流瓶颈问题。同时他大力推动渠道建设创新,线上线下融合。一方面,他利用上海中食展、成都糖酒会等展会资源招商,另一方面,他利用天猫、京东、电视新媒体、直播等线上平台渠道开拓市场,他的这些创新举措,初步解决了社员"卖货难"和消费者"食品安全"问题,增强了社员和消费者信心。

深耕电商援疆,赋能合作社

经过近6年的拼搏创业创新,合作社在理事长刘德治的带领下,取得了瞩目的成绩。合作社从2014年零起步,现在已发展至如下规模:社员188人,种植土地2万多亩,直接或间接解决农户就业2000人,农户平均收入增加20%以上。合作社陆续建立核桃、红枣、苹果原产地基地,打通了电子商务、新媒体购物、商超卖场等线下和线上渠道,源源不断地将阿克苏农产品销往全国。合作社获得了如下荣誉:2015—2017年,被阿克苏市政府授予"电子商务应用示范企业""优秀农民专业合作社""优秀参展企业";2016年,被新疆维吾尔自治区商务厅授予"自治区电子商务示范企业"、"互联网+农业产业链"示范企业(省级);获得第七届新疆农产品北京交易会产品金奖;2017年,获得"自治区第四批农民合作社示范社"(省级)、被国家商务部授予"2017—2018年度全国电子商务示范企业"(国家级);合作社理事长刘德治被新疆科技厅授予"2016年度新疆维吾尔自治区青年科技创新创业人才"(省级);2018年,合作社获得阿克苏地区农业产业化突出贡献企业;2019年,被国家评为"国家农民合作社示范社"。

摸索并完善"农业产业链+互联网"经营模式

一是运营模式创新。运营模式为"基地+合作社+龙头企业+全国终端"。以"农业产业链+互联网"为平台,以合作社为载体,建立阿克苏特色农产品基地,利用电子商务技术和物联网技术为工具,整合原产地供应链,线上线下同步推进。

二是销售渠道创新。推动渠道建设创新,线上线下融合。首先利用线下渠道招商，利用上海中食展、成都糖酒会等展会资源招商，开拓流通市场、商超、特供渠道、专卖店等渠道；其次是建立线下电商体验店，在杭州设立阿克苏品牌电商体验店，同时积极参与政府"十城百店"工程，线上线下并轨进行。再次是利用传统线上平台渠道开拓市场，合作社利用天猫、京东、电视新媒体等渠道，不断开拓销售渠道；最后是利用社交电商开拓市场。充分挖掘微商、网红直播、朋友圈、拼多多、社区团购等新型社交电商，对品牌进行圈粉，在新生代消费群体中形成良好的口碑。特别是2018年参加淘宝"人民的宝贝"总决选，开辟了"淘宝乡红"专题会场，淘宝直播以薇娅和烈儿为主的TOP10主播联袂献上了"精准扶贫阿克苏核桃直播"，销售阿克苏核桃300吨，助力农产品上行，带农增收，显著带动了阿克苏核桃销售，并积极传递了电商扶贫正能量。

三是供应链建设创新。合作社建章立制，规范运作，不断完善供应链建设。合作社实施了"统一种植"等"六个统一"；提供了"农资服务"等"六个服务"；并初步建立"安全可预警"等"六个可以"，初步解决了社员"卖货难"和消费者"食品安全"问题。合作社在江浙沪建立了完整的供应链，建立冷链仓储、体验店、物流体系、经销店等，仓库前置，大大突破了新疆果东送的物流瓶颈，提高了客户的电商体验感。合作社积极开展"三品一标"认证，积极参加企业创建品牌活动，对每个产品进行第三方检测。

四是示范带动创新。合作社根据实际情况和所面临的机遇，依托农业物联网技术和互联网营销技术，在供应端建立可靠的产地检测、源头追溯体系，在营销端打造优质农产品的互联网生态圈和营销平台。合作社多次组织优秀农户和创业青年到杭州培训学习，多次帮扶当地青年创业就业，多次接待各地参访团，多次组织参加各种展会，多次得到中央和地方等领导视察和肯定，多次被中央电视台等各媒体采访和报道，展示了杭州电商援疆成果，带动了农户脱贫致富，合作社起了很好的示范带动作用。2016年时任农业农村部副部长屈冬玉、浙江省常务副省长袁家军先后考察合作社，并对合作社"互联网＋农业产业链""电商援疆"的创新做法给予充分肯定。2016年在乌鲁木齐召开的新疆维吾尔自治区农产品营销工作座谈会上，刘德治作为全疆六家典型创业创新示范企业代表做了经验分享。

助力电商扶贫，回报社会

民族团结是新疆各族人民的生命线。刘德治在援疆期间始终践行民族团结一家亲,反对任何形式的暴恐和分裂活动,始终将"稳定才能发展"的理念扎根于脑海。他不仅亲自带队到阿克苏塔什巴格村、林园社区慰问贫困户,收购贫困户滞销农产品,而且到维吾尔族聚居地学校捐款捐物。每到收货季节,刘德治带领合作社优先雇佣当地贫困少数民族同志进行分拣、装箱、搬运等工作,直接带动就业,增加收入;积极吸纳少数民族大学生到合作社实习就业;经常深入田间地头,深入维吾尔族聚居地,践行民族团结一家亲。刘德治每年服务青年就业创业,不仅带头为贫困户"输血",而且引导贫困户"造血";不仅带领农户科学种植,到田间地头收货,进行"电商扶贫",而且不断搭渠道找销路,进行"消费扶贫"。他成了名副其实的民族团结和脱贫致富带头人。

刘德治记得2017年冬天,他从微信朋友圈得知红旗坡农场农户麦尔哈巴·吐尔洪生重病后,迅速展开帮扶行动。刘德治当即做了如下决定:吸纳其父亲吐尔洪·买买提为社员,长期结对子收货;利用援疆优势,主动与媒体合作在杭州发起爱心苹果义卖活动,将苹果销售款全部捐献给吐尔洪·买买提一家。杭州电视媒体全程播出义卖捐款现场报道。此次活动受到了杭州市民的广泛关注。

2016年,全国政协常委视察团调研阿克苏丰果农业电子商务专业合作社,理事长刘德治在"大力发展农村电商加快贫困地区脱贫步伐专题调研座谈会"上专门向领导汇报工作,视察团团长干以胜(原全国政协常委、中央纪委原副书记)对合作社利用电商带动农户脱贫致富的创新做法给予高度评价。时任中共中央政治局委员、中央统战部部长孙春兰,自治区党委书记张春贤到阿克苏电商产业园调研,对刘德治等电商创业小伙伴们所表现出的民族团结、电商援疆、抱团致富等做法给予充分肯定。

【创业总结】

繁荣背后的困难

合作社在发展过程中遇到过无数困难,刘德治经常如履薄冰,要克服一个个困难,要面对一个个挑战。刘德治表示,创业就是提供问题解决方案,解决一个个问题,攀登一座座"高峰"。在实际运营中,当前合作社还面临着很多困难,其中包括:(1)物流问题。新疆地广人稀,农产品资源丰富,但离内地市场距离远，物流成本高，电商体验感差。（2）电商人才难题。由于新疆电商发展较晚，电商专业人才缺乏，很多工种招不到合适的人。（3）农民的现代化经营意识不足。很多种植户仍旧沿用传统农业做法，靠天吃饭，观念老化，小农意识强，信息渠道单一，经常出现农产品滞销，标准化差，品牌化缺乏，农产品走不出去。（4）融资难。由于合作社在收货季节需要投入大量现金收货，现金流往往比较紧张，而银行又不喜欢给合作社贷款，嫌合作社风险高，社员多，抵押物不足。融资难，影响了合作社的订单正常完成。（5）营销环境复杂。原来传统渠道单一，赚信息不对称的钱，生意相对好做。现在营销环境复杂，竞争激烈。除传统渠道外，各种新型渠道层出不穷，比如传统电商、社交电商、微商、直播、社群、社区团购等各种业态，打乱了整个传统营销渠道。

转型升级才能突出重围

面对商业模式创新层出不穷，面对人货场不断发生变化，农村电商，有机遇有挑战，任重而道远。面对新形势新挑战，刘德治表示，创业九死一生，合作社未来要在以下两方面进行突围，以倒逼转型升级。

第一，完善供应链，突出服务创新。合作社将来会继续整合阿克苏地区特色农产品资源和供应链资源，利用供应链创新进行赋能，建立"云仓、云配、云库存和云系统"的供应链模式，解决新疆农产品的物流瓶颈。一是通过公共仓储的中转功能，实现"疆果东送，浙产西进"的经营战略。充分利用阿克苏和浙江两地的物流资源和公共仓储，有效降低两地的物流成本。二是建立"云仓储"。合作社与第三方物流公司合作，提供收货、质检、存储、拣选、包装、配送一体化的"云仓储"服务，解决电商的物流之痛。三是完善信息系统，实现货物信息共享。通过"云仓储"物流信息系统串联，实现各种物流资源的完全共享，降低成本，进一步提高合作社的经营能力和市场竞争力。

第二，信息管理，数字化共享。合作社计划建立智慧农业云平台，通过大数据的采集和分析，实现物流、商流、资金流、信息流的互动及互通，并提供库存、销售、生产、配送的数据服务。具体包括：一是智慧农业创新。合作社积极开发智慧农业云平台，私人定制，认购认养，开发线上体验经济；农户基地与用户信息互联，引入农业互联网关键技术的研发，通过应用示范，探索农业物联网的产业化应用。二是进行信息数据分析，规范引导农业生产。通过信息服务平台的数据采集和分析，可以为阿克苏地区农产品生产提供数据参考，进而引导生产，促进订单农业发展。三是建立阿克苏农产品质量可追溯系统。合作社强化品控管理,加强质量检测,逐步建立"互联网＋农业产业链＋溯源"体系,进一步提升阿克苏农产品品质,最终保障食品安全。合作社出产的阿克苏冰糖心苹果、香梨、大枣、核桃等都将拥有自己的唯一"产品身份证"。

合作社从无到有,从默默无闻成为全国示范社。回顾这六年的电商援疆创业,累并快乐着,有辛酸有收获。刘德治自感欣慰的是为第二故乡阿克苏的各族农民奉献了一片真情,为杭州与阿克苏产业发展、电商援疆挥洒了辛勤的汗水,充当了交流使者,带动广大农户抱团发展,共同致富。

上山下乡怀壮志,战天斗地绘新图,让戈壁沙漠变成金山银山,让农户精准脱贫,共同致富。不是每一朵花都能盛开在雪山上,雪莲做到了;不是每一棵树都能屹立在戈壁滩上,胡杨做到了;不是每一个人都能来援疆,刘德治他做到了。

武　超
创业是一场身体和心灵的重生

　　偶然的项目经历让他结缘农业,也让他了解到了很多当前农业中存在产品假冒、产销脱节等很多问题,在问题中他看到了机会,毅然选择辞职创业。从念头的萌芽到想法的落地,这其中的每一步都包含了很多的艰辛,让他的身体和心灵好像都得到了一次重生。他所创建的云仓,依靠精准的功能定位、强大的供应链、诚信的精神和过硬的质量保证,实现了企业自身快速的发展。

【个人简介】

　　武超,男,1977 年出生,苏州上丰天源农业科技有限公司总经理,黑龙江亿联云仓供应链管理有限公司联合创始人。管理学硕士,南京林业大学校外硕士生导师、南京林业大学创业者之家班长、全球职业规划师、国际注册培训师、职场小说《逆路》作者。曾任世界 500 强家乐福(中国)处长,名企高管,也曾任投资集团高管。

【创业感言】

　　路漫漫其修远兮,吾将上下而求索。选择农业,我今生无悔。我愿意为中国农业的振兴和发展贡献自己所有的力量,让更多的人因农业受益,也让农业造福更多的人。

【组织简介】

黑龙江亿联云仓供应链管理服务有限公司(以下简称云仓)是由国内知名电商专家、物流团队顶层设计,致力于打造农业垂直细分领域供应链服务体系,依托大数据服务平台、电子商务服务平台,国内主流物流服务商建设的全新的电子商务服务体系。

云仓主仓位于黑龙江省双鸭山市集贤县二九一工业园区,占地面积 7.8万平方米。一期建筑面积 7300 平方米。规划二期建筑面积 1.882 万平方米。可同时存储 150 万单,日均发货量 4.5 万单。公司与中国邮政、顺丰速运、"三通一达"等国内主流物流服务商签署战略合作协议。后期规划通过公司配置前置仓容,可实现珠三角、长三角、云贵川地区主要城市次日达、隔日达配送。

公司业务主要包括联合国内知名电商运营团队,为黑龙江地区粮食企业提供电商代运营服务;整合国内知名电商平台、社交电商平台、积分兑换平台、自媒体平台、视频电商平台等资源,为农副产品企业拓宽销售渠道;同丽水超市经济促进会、国内沿海发达地区众多企业商会以及众多有志于农业领域发展的企事业单位保持良好关系,为线下销售渠道的拓展提供销售支持。

云仓致力于打造一站式电子商务服务体系,为黑龙江农副产品线上销售做好"保姆式"服务。亿联云仓,仓联亿家。选择亿联云仓,"让电子商务变得更简单",这是亿联人的初心和使命。

【创业者故事】

辞职创业,是一场身体和心灵的重生

如果在几年前谁要让他创业做农业,武超肯定从内心里是不接受,甚至是鄙夷的,他之前可能绝没有想到去做农业,更不会放下那么好的工作去创业做农业,因为,那个时候他觉得农业在中国的各行各业中,就是"矮矬穷"。

直到有一天,他所在公司接了一个政府项目,派他去分管,心中虽然有些许不乐意,但是没有办法,他只能硬着头皮接受了。项目所在地居然是黑龙江,一个数年前曾经给他留下深刻、美好记忆的地方。

尽管对这个行业不感冒,但是职业素养还是让他打起了十二分的精神全力

投入到这个项目中去。思维和认知的魔盒也从这次项目中打开了。不看不知道、一看吓一跳，接触到农业后的他被这个行业深深地震惊了。

认知在了解中不断改变

在接触农业前，他可能和大多数人的想法是一样的，吃得好很大程度上是味道好、价格高，至于品质好，那就是个空话，因为品质究竟是什么，很难说得清。虽然对于农药、化肥、杀虫剂等有些认知，但是仅仅是个宽泛的认知，和我们的日常生活没有结合在一起，更没有切身的感受。接触到农业后，他才发现，农业真的不遥远，就在我们的身边，甚至就是我们的生活。很快，他就有了初步的概念和认识。

首先从了解到的产品知识去市场上进行调研时发现，日常吃的产品居然那么差。比如大米，名满天下的某地出的某某香的地理标识产品，原产地的大米那是真好吃，但是在流通市场上，居然有无数的仿冒品，价格从 2 元到上百元的产品都有。粗略一算，假大米是超出产地面积测算的产量的 30 倍之多。比假冒大米更可怕的是那些毒大米、打蜡大米、发霉大米等等，只有你想不到，没有假冒厂商做不到。

其次，产销之间的脱节十分严重。农民出来的好产品往往得不到应有的价格和价值体现，市场上"劣币驱逐良币"现象十分突出。

还有就是农业整体行业的落后，不仅仅体现在人们的意识上、思维上、人才的分布上，还体现在配套的服务业上。比如，在大米行业的配套服务业上，很多粮区没有专门从事大米行业的快递，导致粮食的电子商务很难开展。加工难、包装难、打包难、快递费高得离谱，导致了大米只能按照以往传统的模式去运作，粮区的粮农没有做到优质优价，市场上到处都是勾兑米、"过期米"，所谓的鲜米几乎很难碰上。再比如，很多粮农的种植、生产、经营都是在自己的一亩三分地上，导致对整个市场、行情缺乏整体研究和判断，导致在种植和生产上一窝蜂，而对细分市场、产品差异化理解又不够，久而久之，导致了粮农的困惑和市场的混乱。

此外，政府对于农业的帮扶缺乏有效的抓手，导致很多帮扶政策像撒胡椒面式的雨露均沾，导致行业的帮扶效率不够高、导向性不够。

在投资公司工作的一两年时间内，他走访了全国 20 几个省、自治区、直辖市，对各粮食产区、一些电商平台、批发市场等有了一定的了解，农业的状况引起了他深深的思索，突然他萌发了创业的念头，就是做农业，而且是从最普通的大米做起来。

2018 年初，创业的念头一起，他就开始了创业前的准备。创业从来都是说着容易做着难，脱下了那身西服，换上了工装，宣告了自己创业生涯的新开端，去了广袤的东北粮区田间地头，与粮农打成一片，了解种植过程中的各种状况，尤其是化肥、农药、除草、除虫方面的细节。走进车间，向工人们了解大米加工过程中的各个环节，尤其是高中低端大米的加工方式；他跑遍了几乎国内比较著名的粮食批发市场和大的电商平台，详细了解了各个平台对于产品的要求、合作的模式和特点。前后一年多的时间里，他背着沉重的样品，跑了超过 30 万公里，走遍了黑龙江几乎所有的产粮区域，频繁往返于粮区和各大流通市场、电商平台，靠着一年这种高强度、高密度的近乎疯狂的工作，创业前的准备工作基本完成。

创业是一个重塑自己的过程

创业开始了，其中的艰辛只有亲身经历过的人才知道，尤其是农业创业，某种程度上来说，那就是一场身体和心灵上的重生。以前从来没有做过的事，现在要自己去做，自己没有想到的事，还要去做，别人没有想到的事情，你也要做，只要你创业，你会发现你身边的资源，无论是资金、知识、技术、资源都是不够的，创业某种程度上就是一个"无中生有"的过程，更是一个挑战自己、重塑自己的过程。

直面"三大"挑战，只为让黑龙江的好大米真正走向全国

决定创业，首先是资金的准备。在没有创业前，武超也可谓衣食无忧、锦衣玉食。但是去创业，自己手里的钱根本经不起盘算，且不说为创业花了多少钱，单是失去每月固定收入，还要养家，这个开支就是一笔负担。再加上创业所需的人员成本、办公成本、前期投入，财务状况马上变得入不敷出。

其次是心理上的不适应。创业之前，哪怕是做总裁、项目负责人，毕竟还有团队和集体来讨论，而且需要考虑的都是相对局部的问题，更不用担心资金、整体资源这样的事，那是公司已经赋予或者准备好了的。但是作为所谓的"老板"，事无巨细都要盘算，需要考虑的事情太多了，一不留神或者哪些方面没有考虑到，那都可能是个大坑，所以小心、谨慎，还要兼顾发展，这个心理上的反差很折磨人。

再者就是体力上的考验。以前工作时大家一个萝卜一个坑，各司其职，

都是专业的人做专业的事。创业后一个人要当 5 个人,甚至 10 个人去用,每天都有干不完的活、出不完的差,体力上也是巨大的考验。而且为了节约费用,差旅费也需要控制,他已经记不清有多少次是在机场和高铁站过的夜了。以前出差都是五星级宾馆,创业第一年,他几乎成为所有快捷酒店的 VIP。

2019 年,在密集的调研、论证和研讨后,他和原来的同事穆世超、双鸭山产粮大户张献秋一起在黑龙江双鸭山市集贤县二九一农场创办了黑龙江亿联云仓供应链管理服务有限公司,旨在为黑龙江东部产粮大区提供电商一站式服务平台,同时也为有志于做粮食电商的企业提供一站式、保姆式的服务。

建立云仓,降本提效

经过一个多月紧锣密鼓的筹备,2019 年 10 月,亿联云仓开业了。产品一经推出,便受到了产区粮农的欢迎。建三江的珍珠米和长粒香很快受到了各大电商平台青睐,并且在双十一当天创下了一天单品发货量 4 万袋的记录;位于饶河五星湖畔红旗岭农场的初香粳稻花香借助于云仓的力量,很快成了市场上的抢手货,味美价平,性价比高,其在局部地区的风头盖过了名满天下的五常稻花香;二九一农场的粥粉、宝清县的杂粮纷纷通过云仓找到了自己的渠道和客户,同时靠着云仓高效、快捷、成本低的发货和配送,节约了仓储成本、物流和快递成本、人工成本 3%—15%。

市场是要跑出来

解决了后方云仓的种植、加工、包装、快递问题,他又紧锣密鼓地回到了长三角,来解决粮食行业最为棘手的问题——销售和市场的问题。

很多电商渠道,尤其是新兴的中小型平台,行业从业者有很多是靠着各大电商平台的比价来做产品的采购工作,这给粮食行业众多的从业者造成了很大的困难。食味值、碎米率、出米率、产地、品种,这些对产品品质有直接影响的因素,其实对米价都有直接影响。为了更好地让平台了解产品的特性,给予产品足够的支持和帮助,需要花费巨大的时间、精力、耐心去让对方接受并支持。渠道也就逐步地打开了,销量也逐步递增。

建立自己的渠道

为了更好地让销售渠道掌握在自己手中,让更多的消费者认知东北优质农产品,他又与母校南京林业大学的校友们合作,2020 年 5 月在南京市玄武区建立了"康生活食材"专卖店,不仅将黑龙江优质食材带给校友,也带给母校周边的居民们。康生活食材店开业后,就以其得体的装修、合理的产品、合适的定价、丰富的品种,以及优质的品质得到了校友和居民的好评,产品销量不断上升。随着影响力的不断扩大,南京已经在筹划第二家门店的开业,不久的将来,将会有更多的门店开业。

【创业总结】

回首接触农业这四年和创业这两年,他感慨万千,总结起来,主要有以下几个方面。

逆商最重要

创业过程中,智商重要,情商更重要,但是最重要的是逆商。在创业的过程中,不顺利、不称心、逆境可能占90%,真正顺心和所谓的顺境可能连10%都不到。如果没有好的逆商、调节心情的能力和控制情绪的能力,最好不要去创业,否则就是给自己找不开心甚至带来巨大麻烦。

产品就是人品,都是讲良心的

互联网时代,信息都是透明的。农产品要和快消品一样,须做出性价比,否则长久下去,消费者是不会买单的。创业就是要将各方的资源整合好,给消费者提供性价比更好、价值感更强的产品。比如基地的大米,食味值高、粒形漂亮,农药、化肥、杀虫剂用量少是产品的基础,产品的包装费用、运输费用、快递费用更是要精益求精、精确到分,这样提供到消费者手里的就是合格的商品,在这个基础上,能够比同行做得更好些,那这个产品就具备了爆品的潜质。所以,投机取巧、偷奸耍滑可能会一时得逞,但是不能长久。

创业是长跑

创业考验的是人的耐力,更是心性。创业需要身体好,否则无法胜任高强度的工作;比身体更需要考验的是人的心性。看不了繁华,忍不了落寞,耐不住寂寞,受不了落差,这些都会对创业者造成巨大的伤害。

孙 刚
用好电商平台,讲好故乡故事

　　为响应"大众创业,万众创新"号召,孙刚毅然结束了 20 年的在外漂泊,下定决心返回故乡,立志在自己热爱的这片土地上做出一番事业。他所创办的公司,通过对当地名人文化的价值挖掘,按照讲好故事、用好平台的思路,将家乡的特色麦冬和黑小麦等产品在网络上推向全国。经过 3 年的努力,他成为一名中国淘宝村的致富带头人,公司也成长为一家集农业、旅游资源开发,食品、农副产品销售,电子商务服务为一体的品牌化农业发展公司。

【个人介绍】

　　孙刚,男,汉族,中共预备党员,1980 年 11 月出生,山东省曹县人,现任山东伊尹故里农业发展有限公司经理、曹县三宝种植专业合作社线上销售经理,第七届中国淘宝村十大优秀带头人。他为人随和、热爱公益、善于思考、做事缜密,具有较为丰富的市场营销与策划工作经验。2016 年,孙刚返乡创业,同年 3 月成立曹县孙刚演出服饰有限公司;2017 年 1 月被曹县三宝种植专业合作社聘请担任合作社线上销售经理;2018 年 1 月至今,为大集镇殷庙村会计、村委员、村腾讯为村管理员、曹县元圣祠管委会秘书长、伊尹文化传承人;2020 年 4 月 21 日成立山东伊尹故里农业发展有限公司。

　　2016 年 10 月,孙刚开始自费参加阿里巴巴淘宝大学举办的各类淘宝官方运营线上、线下课程 30 余期。2018 年倡议成立了曹县大集镇殷庙村电子商务协会,累计组织 300 多人次参加电商培训。2019 年 10 月,他参加成人高考全国统一考试,层次是高起专,同年 12 月被青岛科技大学录取,学人力资源管理专业。2019年11月进修浙江大学全球农商"乡村振兴千人计划"第七期新农人研修班,并与浙江大学农村发展研究院、浙江工商大学艺术设计学院开创了校企合作的新模式。

2020年3月,他被浙江工商大学艺术设计学院聘请为第六届中国"互联网＋"大学生创新创业大赛参赛项目"芮丰农业:美丽乡村共享共建的先行者"顾问。

【创业感言】

农业是一条富含情怀的"不归路",光喊口号是活不下去的,只是一味蛮干是行不通的,我们应该时刻抬头看前方,看看市场需要什么、"对手"在干什么、自己缺什么、还需要做什么。前进的路上,坑和坎坷一定会遇到的,我们应该尽早预见,并及时做出调整与改变,但我们作为一个新农人,一定不能改变我们的初衷。

【组织介绍】

山东伊尹故里农业发展有限公司,成立于2020年4月,以"山东省乡村振兴政策"为依托,助力殷庙村从"文化、农业、电商、旅游"四方面进行村庄产业发展与规划建设,共建"伊尹文化园",协助这一山东省省级文物保护单位达到AAA级以上标准,达成"山东省新旧动能转换高科技三产融合发展示范园"、菏泽市两新融合(新型农村社区与新型城镇化)示范点、中国淘宝农业示范镇的目标。

山东伊尹故里农业发展有限公司是集农业、旅游资源开发;农作物种植、家禽、畜牧、水产养殖及销售,食品、农副产品销售,电子商务服务为一体的品牌化农业发展公司。公司把伊尹故里特产黑小麦、伊尹麦冬作为一个产业化和系统的农业工程来做,注册了"伊尹农场"牌商标,研发黑小麦面条、麦仁、麦片系列食品,使黑小麦的种植、加工、销售成为一个产业链。采用"公司＋合作社＋农户"模式,带动就业50余人,人均务工收入1万元以上,入社农户人均收益2万元以上,取得了良好的经济效益和社会效益。

【创业者故事】

响应双创号召,返乡创业

在曹县城东南十公里有个叫"殷庙"的村庄,村西北角不远处有一座仿古建筑庙宇群和石碑林,这里就是人们经常传颂的商代开国名相伊尹遗址。村庄并不富裕,祖祖辈辈都是面朝黄土背朝天,规规矩矩种地过日子。为了生活,高中毕业后孙刚就跟着村里的年轻人外出打工了,做过城市保洁员,干过建筑,做过小生意,几乎两到三个月换一个地方,地点不固定,工作环境十分艰苦。当时除去花销,一年到头,所剩无几。到了过年的时候,还要借钱才能过一个好年。

2015 年 10 月,时任中共中央政治局常委、国务院副总理张高丽在山东调研扶贫工作情况。张高丽到曹县大集镇了解政策保障扶贫、产业扶持扶贫和自主创业脱贫情况。张高丽表示,党中央、国务院高度重视扶贫工作。看到新闻报道后,孙刚的内心无比激动。2016 年元旦,结束了 20 年的打工生涯,决定返乡创业,同年 3 月份在大集镇党委政府的扶持以及大集镇电子商务办公室指引和帮助下,成立了曹县孙刚演出服饰有限公司。从此孙刚让自己命运发生了真正的改变。

放不下的故乡情怀

2017 年 1 月,孙刚担任曹县三宝种植专业合作社线上销售经理时,基于在外打工的积累,他发现近几年乡村文化和旅游产业比较红火,他所在的村具有深厚的历史文化底蕴,商代开国名相伊尹墓遗址就在该村,这也是曹县的一张名片,必须借助这一独特的资源优势,挖掘伊尹文化,传播好伊尹文化,让村民通过乡村文化品牌,做好经济发展这篇文章。

2019 年春,作为大集镇殷庙村会计、村委员,孙刚有幸与浙江工商大学艺术设计学院陈潇玮博士团队一起研究农村治理数字化课题,殷庙村"为村(Wecounty)平台",作为一个推动乡村治理的在线农村社区,打破了时间和空间的隔阂,整合了人脉、资本、农地等资源;村两委通过在平台上发布文化、经济、民生等信息,增强了该村的社群凝聚力;村内致富带头人,通过社交媒体平台,发布公益活动、农村特产等信息,凝聚村民进行共同活动,推动村庄良性发展。同时,也吸引到一些知名学者参与到乡村建设中来,为乡村的可持续发展献计献策,为村民谋福利。他们一起,除了研究为村平台、新媒体、文化宣传与直播,还一起钻研农业综合体项目产业与空间规划,特别是农旅发展与规划,让农民充分参与和受益。农业综合体是集现代农业、休闲旅游、田园社区为一体的综合发展模式,可以满足三个产业相互渗透融合的新动向,采用"公司+合作社+农户"模式,在城乡一体格局下,顺应农村供给侧结构改革、新型产业发展,结合农村产权制度改革,是实现中国乡村现代化、新型城镇化、社会经济全面发展的一种可持续性模式。每当提起对村庄未来的设想时,孙刚都会满脸自信地告诉大家,伊尹文化是殷庙村的最大资源,现在又有了为村、快手、抖音等平台,相信殷庙村的明天一定更加美好。

在学习中发现机会

2020 年 4 月 24 日,在曹县电商交流座谈会上,孙刚第一次听到北京太爱肽集团董事长吴遐女士对全球小分子肽技术的分享,通过对肽技术的了解后,得知人类体内每一个细胞都与肽有关,肽是生命存在的形式,也是生命的"桥梁"。由两个或两个以上的氨基酸以肽键相连形式组合而成的,是介于蛋白质和氨基酸之间的有机化合物。正巧村里伊尹故里种植的黑小麦营养丰富,氨基酸种类齐全,其中人体必需的氨基酸异亮氨酸、缬氨酸、赖氨酸、苯丙氨酸、苏氨酸、蛋氨酸、色氨酸、组氨酸含量比白粒小麦高 33.3%—75%,且口感极佳,适宜各类人群食用。通过深加工,打造出"伊尹农场"牌黑小麦系列食品,拉长了黑小麦产业链,可带动村民致富。孙刚会后就发展伊尹故里黑小麦深加工小分子提取之路,与太爱肽集团商谈初步合作意向,目前伊尹故里黑小麦小分子提取物在研发中。

心怀家乡,直面挑战

从创业者的眼光来看,创业是极具挑战性的社会活动,首先必须对自己的企业有所承诺,也就是说要把企业看得非常重要,要全身心地投入。责任心是强化企业核心竞争力的秘密武器,强大的责任心会提高完成任务的勇气和决心,增强执行力。其次是诚信,就创业者个人而言,诚信乃立身之本,"言而无信,不知其可也。"市场经济已进入诚信时代,作为一种特殊的资本形态,诚信日益成为企业的立足之本与发展源泉。创业者品质决定着企业的市场声誉和发展空间。

"工欲善其事，必先利其器"，其中的"器"就是指顺应新时势下，秉承生态和持续创新的兴农理念、掌握兴农技术，扎根三农，服务三农。新农人应肩负使命。同时，对于企业品牌的打造、营销手段的提升、渠道的拓展将会更加迅速地落地执行。新农人都应该用知识和行动来践行乡村振兴计划，共同为乡村振兴计划添砖加瓦。

借助电商平台，发挥文化优势

近些年，伴随着改革开放，全国经济高速发展，电商行业成长势头强劲，伊尹故里农业发展有限公司抓住了机遇，借助电商平台，发展"伊尹特产"产业，带领伊尹故里村民发家致富。公司首先通过互联网"腾讯公众""快手"等平台传播推广伊尹文化，通过"淘宝""拼多多"平台售卖伊尹特色产品，把伊尹故里这个靓丽的名片推广出去，走进千家万户；在有一定的知名度之后，再通过构建特色旅游路线，带领人们亲身走进伊尹故里，感受伊尹文化。

然后通过平台小程序的搭建，将"文化体验"（线上宣传、线下体验）、"农地认养"（以每 20 平方米为一个单位，租赁认养经济作物麦冬）、"伊尹特产"（黑小麦、伊尹麦冬、曹县汉服等）、"直播活动"（含殷庙村本村文化直播、殷庙村联合其他村庄多线直播）等模块融合，以线上线下活动相结合的方式，以点带面，吸引社会资本投资，最终实现整个伊尹农园项目的可持续、多方面发展，进而实现整个殷庙村农业社区的可持续发展。

走出去向老师请教

2019 年 2 月，孙刚向浙江大学中国农村发展研究院郭红东院长当面请教电商转型之路，并在郭院长的两次推介下进入浙大乡村振兴千人计划深造，学习电商促进乡村振兴模式，并于 2019 年 7 月主导倡议成立了大集镇殷庙村电子商务协会。近两年里，他组织 300 多人次参加电商培训，创造就业岗位 100 多个，带领 5 个贫困户脱贫。从 2019 年 10 月开始，与浙江大学农村发展研究院、山东省建筑大学电商学院合作举行多期大学生社会实践活动，开启校企合作新模式，培训电商专业高端人才 10 余人。获得社会各界和阿里巴巴集团的认可，殷庙村于 2020 年 4 月成功申报山东省"省级特色旅游村"，目前等待验收。孙刚也荣获第七届中国淘宝村十大优秀带头人荣誉。

2019 年 12 月 7 日，通过聆听农村农业部副部长韩俊从宏观全局看乡村振兴的主题报告及浙江大学全球农商研究院负责人鲁柏祥博士所做的农产品智慧营销课程后,他受益匪浅,认为经营好合作社,让公司持续健康发展,就必须懂政策、懂合作、懂营销、懂管理、懂创新,最重要的还是要不断地学习,不断成长,不忘富农初心,牢记兴农使命,坚持走下去。

借力"直播"在互联网发声

2020 年 5 月 20 日,伊尹故里农业与大众网·菏泽发起的"走进元圣祠、穿汉服、学习伊尹文化"直播活动,开播 40 分钟,观看人数达 5 万余人。此次直播活动,提高了伊尹故里农业的曝光度和知名度。公司将对不同产品进行市场消费人群的分析,设计出满足消费需求的产品,以及合适新颖的营销方式。

着力品牌建设 提升产品质量

2020 年 6 月 7 日,又到了麦收季,曹县李楼寨三宝合作社黑小麦基地迎来了新华社记者,记者采访了村里的种粮大户,他与一般农民种植普通小麦不同,他种植的大部分是黑小麦。记者来听他的黑小麦生意经。伊尹故里农业采用"公司＋合作社＋农户"模式,依托黑小麦,加大科技投入,推进原始创新、集成创新、引进消化吸收再创新,示范应用全链条创新设计,提升农业产业化联合体综合竞争力。引导各类创新要素向三宝合作社集聚,为成员提供技术指导、技术培训等服务,向合作社和家庭农场推广新品种、新技术、新工艺,提高联合体协同创新水平。将市场信息传导至生产环节,优化种植结构,实现农业供给侧与需求端的有效匹配,开拓农业联合体农产品销售渠道。强化信息化管理,把联合体成员纳入企业信息资源管理体系,实现资金流、信息流和物资流的高度统一。推动品牌共创共享。联合体内部统一技术标准,严格控制生产加工过程。建设产品质量安全追溯系统,纳入国家农产品质量安全追溯管理信息平台。增强品牌意识,协助农民合作社和家庭农场开展"三品一标"认证,培育特色农产品品牌。目前合作社与伊尹故里农业电商资源合作,销售以黑小麦原料加工的富硒全麦黑麦仁、麦片。随着曹县李楼寨三宝合作社产销量的提升、伊尹故里农业品牌化的打造,下一步公司会更多地借用互联网渠道资源,在微信、微博等社交平台建立自媒体传播渠道,让产品的覆盖面更广,广告效应传播得更快,打造以优质、绿色有机的特色粮食种植、生产、加工、销售、生态旅游为一体的战略模式。

【创业总结】

前路虽然坎坷,但仍要坚持

　　农业不是一本万利、一蹴而就的行业,是需要不断学习、探索、努力才能硕果累累的行业,是一个国家高度重视的朝阳产业。未来新农人应该像农业农村部管理干部学院朱守银副院长讲的一样,发挥工匠精神。要像专一的铁匠一样,三农事业为重,敢于啃硬骨头,甩开膀子加油干;要像严谨的木匠一样认真,用精细的思维、开拓的精神打造品牌产品;要像平衡的瓦匠一样,链接协调,统筹兼顾,提升产业价值。在全面开展乡村振兴战略以及打赢扶贫攻坚战关键时期,作为一名新农人,要不忘坚持的初心,有责任让家乡变得更美好,做新时代有知识、有技术、懂经营的新农人。

第四部分

综合服务行业类案例

周功斌
再造魅力新故乡

　　一个地道的农家子弟,上大学让他走出了家乡的大山去看外面的世界,毕业后他放不下山里的乡亲,一心回到老家为家乡做点什么。多次的失败并没有让他退缩,相反不断的尝试终于让他找到了适合家乡发展的特色项目,如探路的蚂蚁一样,小身型有着大梦想,小蚂蚁也有着大能量,踏踏实实地为家乡探出了一条致富路。

【个人简介】

　　周功斌,1984 年 11 月出生,中共党员,现任遂昌县应村乡高棠村第一书记,"蚂蚁探路"创始人。

　　周功斌出身贫寒,靠村民"众筹"上大学,在校期间勤工俭学,积极参加各项创业竞赛,获得了多项佳绩。其在"YESPLAN-诺基亚青年创意创业计划大赛"中获得全国金奖,并在北京人民大会堂受到时任团中央书记王晓的接见和表彰。他曾在杭州市下城区科技局工作,2012 年被评为下城区十佳优秀科技工作者。2017 年辞去公务员职务,创办杭州魅力新故乡信息科技有限公司,成功打造了"蚂蚁探路"自驾越野品牌。

【组织简介】

　　杭州魅力新故乡信息科技有限公司成立于 2017 年 8 月,是一家专注于乡村主题策划、提升、营销推广的乡村运营信息化服务公司,旗下有"蚂蚁探路"等自驾越野运营品牌。2018 年 2 月《人民日报》微信客户端头条新闻对"蚂蚁探路"通过打造自驾越野线路,推动乡村发展的形式给予肯定,并进行报道;中央二套《深度财经》《第一时间》等栏目也进行了跟踪报道。

目前"蚂蚁探路"已经打造了以"浙西川藏线"为总品牌,以"江南丙察察""华东天路""芳桥溯溪""状元谷越野营地"等为子品牌的八条不同难度、不同风貌的自驾越野线路。截至 2020 年 6 月底,浙西川藏线已累计引入 436 支车队,参与车辆超过 1.676 万辆,参与人数超过 4.5 万人,带动沿线农家乐、民宿、酒店、餐饮、农特产品增收超过 3400 万元。

【创业感言】

虽然这条乡村振兴之路基本圆了我"回报家乡"的心愿,但我的乡村振兴之梦并不止步于此。这条振兴之路在遂昌取得了很好的成效,也正因为这样,我想把这条振兴乡村之路的遂昌模式推向全国乡村,特别是像遂昌这样的偏远县域山村。

【创业者故事】

走出去看世界,为家乡脱贫做点什么

周功斌从小就有个梦想,那就是:有一天能走出大山,看看外面的世界。

这个梦想随着他考上大学终于实现了,他是村里的第二个大学生,他大学第一年的学费是靠村民们众筹凑钱上的。回想当时拿到通知书时,周功斌说"当时既喜又忧",喜的是终于可以上大学看看外面的世界了,忧的是学费从哪里来。村民基本都知道他的家底,当热心的村民得知他考上大学的消息后,纷纷给送来"捏得带着体温的钱",稍富的送来了 200 元,经济差的也送来 20 元,就这样乡亲们用自己的血汗钱圆了他的大学梦。

2004 年,周功斌怀揣着乡民凑的 3000 元钱来到杭州求学,在去杭州的路上想到是村民们的善心他才能去杭州圆大学梦,他就告诫自己:"人不能忘本,在有能力、有精力的时候一定要回馈家乡,回报那些本就不富裕还热心借钱给我上学的淳朴善良村民,这样才对得起自己的良心。"毕业后,周功斌考取了科技局的工作,经过八年的打拼,他在杭州站稳了脚跟。生活稳定下来后,作为从大山走出来的农村娃,尤其是还受到过村民们的资助,他常常牵挂

着家乡,关注着家乡的一举一动,也常常想为自己家乡做点事,回报家乡。

　　一次偶然,周功斌看到了一个农村小伙毕业后回乡创业帮助村民脱贫致富的报道,恰好那个村离他家乡不远。周功斌回忆说:"我就突然想到我的家乡也比较贫穷,自己能为家乡脱贫做点什么呢? 再联想到纯朴善良的村民主动凑钱帮我圆了大学梦,我现在生活稳定了,有了一点积蓄,也应该为他们做点什么呢? 想到这里我心头想要辞职回乡创业,帮助乡亲们脱贫致富,报答他们当年资助之恩的念头越加强烈。"思前想后,他决定辞职,回乡创业,顺便带富乡亲们。

一次不行就两次,创业路上多坎坷

　　周功斌是一个说干就干的人,2013 年他卖掉了杭州的房子,回到了家乡。经过一番考察,他决定尝试种植樱桃,周功斌说:"看着自己种下的一排排樱桃树,想象着过几年就会大丰收卖上好价钱,带动村民一起种植,一起脱贫致富奔小康的场景,我挥动锄头的手更有劲了。"理想很丰满,现实却很骨感,樱桃树种下了,却只开花不结果,第一次创业尝试就这样失败了。

　　第二次,他和表哥合伙养殖石蛙,命运又和他开了一个玩笑,一场大水把石蛙都带走了。周功斌说:"我清楚地记得,那天眼睁睁看到石蛙被大水冲走却无能为力,我气得一屁股坐到满是水洼的泥地上,久久不愿起来。"第三次,他选择了在村里种植本土野果"八月炸",但因为规模小,不成气候,再一次失败了。第四次,他想利用天然瀑布做文章,由于缺少资金,无法修建游步道,最终也以失败告终。

坚持之下总有峰回路转

　　2015 年的一天,一个爱好越野的朋友到周功斌家乡遂昌游玩,他无意发现遂昌越野资源丰富,特别适合搞越野自驾游。期间周功斌把他这几年创业失败的经历,以及想要带村民共同致富以报答他们助学之恩的愿望都告诉了朋友。于是热心的朋友建议他:搞几条越野路线,把村子设置为越野驿站,引导人们过来越野旅游,把食宿消费带进来,还能搞一搞农家乐,卖一卖土特产,何愁不能带动村民致富? 受到朋友的点拨启发,周功斌豁然开朗,仔细盘算了下,这的确是个好点子。

　　再一次,周功斌说干就干。吸取前几次创业失败的教训,这次开干前他做了调研。"我发现当时全国喜欢玩户外越野的用户大概有 500 万人,阿拉善的一场越野英雄会能聚集 30 万辆的越野车,我们整个遂昌县人口才 23 万人,这些越野车用户如果能有十分之一到我们这里就已经不得了了,这说明越野游市场前景广阔,再加上我们遂昌越野资源丰富,搞越野肯定行,于是我下定了决心。"周功斌说。

"蚂蚁"初探创业路

搞越野他不懂,就不厌其烦地请教懂行的朋友,自己上网学习,潜入车友论坛和他们打成一片,渐渐地他有了些自己的想法和门道。但一个人力量终究是有限的,单打独斗是成不了大事的,朋友发现他想法挺好,但是进展非常慢,又建议他"团伙作战"。就这样,周功斌和几个志同道合、热爱自驾越野的朋友一琢磨商议,于是杭州魅力新故乡信息科技有限公司应运而生,随后就成立了自己的创业团队"蚂蚁探路",并打出了"蚂蚁探路"的公司品牌。谈及其理念,周功斌说道:"我们农村的小孩就是一只只蚂蚁,虽说是一个弱小的群体,但是我们也有自己的梦想,我们就跟着越野车的轮胎去寻找。"通过无人机拍摄,一台台越野车也像极了一只只蚂蚁,他们希望借此找到一条振兴乡村的道路,帮助乡亲们脱贫致富。

为了理想,摸爬滚打

创业之路布满艰辛,周功斌说:"犹记得'蚂蚁探路'的小伙伴,在 6 月伏天还潜伏在山里,考察侦测合适的越野路线,一天下来衣服基本没有干的地方。山里蚊子多且毒,蚂蚁探路的小伙伴几乎天天'挂彩',腿上胳膊上脖子上都是大大小小的'蚊子包',那些日子苦累自不必说,但因为心里装着梦,苦累就不那么在乎了,自己选择的路,咬着牙也要坚持下来。要想有突破,想法就要新颖,敢于打破常规,当时找的路线基本是手机没有信号的、遂昌县城里的人大都没有去过的小山村,散发着原始气息,这样才比较吸引人。"

期间"蚂蚁探路"的小伙伴们为百度提供了遂昌周村源村的自驾路线,自行设计、绘制导览图,印刷成品并免费提供给想要办农家乐的老乡使用。大家还在路边发过自驾游传单,组织成立遂昌自驾越野俱乐部,以期提高遂昌自驾知名度。前期虽然大家干劲十足,但是,推广效果并不好,知晓遂昌自驾游资源的人并不多。后来,大家转变了思路,通过借助互联网营销,为周村源村建立了百度百科和美丽乡村周村源微信公众号,在以自驾游为主的奔驰论坛、越野 e 族、蜂窝网、新浪旅游频道、途牛旅游网等平台发布周村源的风景介绍。渐渐的,周村源村名有了一定名气,长三角及周边的自驾游爱好者过来的也越来越多了。

"蚂蚁"终于迎来曙光

经过"蚂蚁探路"团队一年多的奔波,他们规划了几条越野路线,以周村源为代表,让多个村子成为越野车队的驿站。车主们在村里停靠时,自然会尝尝当地的农家菜,买些纯天然的土特产,有时还会住上一晚。短短一年时间,村民们的收入有了大幅提升,尤其是经营农家乐的老乡。

只要坚定地做自己想做的事情,蚂蚁也能举起比自己身体大三倍的东西,蚂蚁精神在"蚂蚁探路"团队身上得到很好体现。在"蚂蚁探路"的努力下,周村源一改从前贫穷落后、村容脏乱的形象,变成小有名气的"自驾越野第 e 村"。如今,它的美丽不仅仅让很多游客流连忘返,更让村民们逐渐回归,很多年轻人也加入到建设家乡的活动中来。村民的收入水平也大大提高,相较于 2013 年前,村民年均收入翻了一番。物质生活的改变和游客们的到来使得村民们扬在脸上的自信又回来了,对自己的家乡有了强烈的认同感和归属感。

2017 年正月,"蚂蚁探路"团队第一次组织了大切诺基车队来遂昌穿越,这次尝试初获成功,在圈内较受好评,于是有了第二次、第三次。同年 8 月 26日,周功斌发起了"再造魅力新故乡"倡议,呼吁更多的年轻人关注自己的家乡发展,共同致力于乡村建设,得到了遂昌县政府和众多车友俱乐部的大力支持。一朵云推动一朵云,一棵树摇动一棵树,渐渐的,来遂昌的车队越来越多了。

一点一滴积累出丰收果实

历经三年,周功斌组建的"蚂蚁探路"团队在遂昌打造了以"浙西川藏线"为总品牌,以"江南丙察察""华东天路""芳桥溯溪""状元谷越野营地"等为子品牌的八条自驾越野线路。通过这条全域自驾越野线路,为村民带来了源源不断的收入。

2018 年 2 月 5 日,《人民日报》头条新闻对周功斌及其蚂蚁探路团队通过打造自驾越野线路,推动乡村发展的形式给予肯定,并进行报道。2018 年 4月 28 日中央二套《深度财经》、《第一时间》栏目也进行了跟踪报道,中央电视台 17 频道《遍地英雄》栏目还进行专题纪录片报道。

截至 2020 年 6 月底,浙西川藏线已累计引入 436 支车队,参与车辆超过 1.676 万辆,参与人数超过 4.5 万人,带动沿线农家乐、民宿、酒店、餐饮、农特产品增收超过 3400 万元。看到村民们渐渐鼓起的钱包,脸上洋溢的笑容,作为"新农人"的周功斌感到非常欣慰。

【创业总结】

通过创办"蚂蚁探路",开发运营越野游线,把游客带进村里,带动乡亲们致富,再造魅力新故乡,报答村民们的助学之恩,周功斌践行了自己的诺言,圆了他"回报家乡"的心愿。

雄关漫道真如铁,每一条创业之路的背后都是艰辛与付出,在这条路上,周功斌仍将无怨无悔地走下去,为带领乡亲们全面脱贫致富奔小康,过上更美好的日子,继续奋斗。

君志所向,一往无前,愈挫愈勇,再接再厉,为周功斌点赞。

张 军
完善产业链,循环是关键

在诸多荣誉的背后是张军在创业中屡次失败所获取的教训,在组织快速发展的背后,依靠的是企业生态循环农业全产业链"一产业+二产业+三产业=六产业"的企业发展战略的顶层设计。近年来,公司制定了只做产业链的长度,带动当地农民做宽度,做好标准和品牌,打通产业链瓶颈的方案,由此形成了砺剑锋企业发展的新模式和新业态。

【个人简介】

张军,男,汉族,1979年12月15日出生,户口所在地为新源县哈拉布拉镇一大队二小队。2000年6月毕业于伊犁职业技术学院,毕业后张军步入社会开始了他的职业生涯,2001年在伊宁市统计局城市调查队工作;2002年担任天佑集团乌鲁木齐分公司杂志主编;2005年走上了创业之路,用了15年的时间从事建筑行业及农业生产。2008年开始从事农业生产经营,至今已经有12年的时间。十年磨一剑,现在张军名下共注册成立了五家农业企业和一家合作社。2017年张军被选为"2017年度风鹏行动·新型业农民"。同年被评为"全国劳模",荣获"农村实用人才突出贡献奖",被农业部授予第二批全国农村双创带头人。被聘为"特克斯县农林特色产业生产顾问"和特克斯县工商联副主席。2018年荣获第五届"农合之星"优秀合作人物荣誉称号。

【创业感言】

农业的创业投资投入大、风险高、周期长、融资难。作为农业创业者,可以说经历了千难万险,千锤百炼,我们一直坚持了下来,除了对农业的热爱,还有作为创业者的韧劲。我们十几年以来一直坚持把农业做下去,完善产业闭环,把生态循环农业,三产融合,农旅融合,"1+2+3=6"的模式做到极致,创造一种农业发展的新模式、新业态,推动现代农业产业发展,为乡村振兴贡献力量,为实现人类食归自然的美好夙愿奋斗终身。

【组织简介】

特克斯砺剑锋农林科技有限公司是自治区农业产业化龙头企业,也是全国农业发展十大典型案例,注册资本1200万元。特克斯砺剑锋农林科技有限公司下设新疆砺剑锋农业科技有限公司、特克斯县家康家庭农场有限公司、特克斯县醉樱寨家庭林场有限公司、伊犁喀拉布拉生态农牧科技有限公司,注册资金从100万元到600万元不等,并且牵头成立了特克斯县种植农民专业合作社,注册资金300万元。公司和合作社的经营范围涵盖林果、中草药种植,生态鸡养殖,农副特产品加工,农业技术研究推广,农业投资、开发及科技咨询服务,农业原产地观光,农产品购销和电子商务平台运营等。

砺剑锋企业制定了生态循环农业全产业链"一产业+二产业+三产业=六产业(原产地农业休闲观光)"的企业发展战略的顶层设计,并制定了只做产业链的长度,带动当地农民做宽度,做好标准和品牌,打通产业链瓶颈的方案,由此形成了砺剑锋企业发展的新模式和新业态。

一产业,主要以种植业和养殖业为主,从樱桃、中药材、有机林果、中药养生鸡鹅入手,打造有机农产品生产基地和农业生态旅游观光基地,让每一个基地不但成为产业示范基地,也成为休闲农业、观光农业、旅游品牌。二产业,以加工为主,建设伊犁河谷农林特产综合加工厂,并实现观光体验功能,已建设完成八卦明珠果蔬加工厂,加工树上干杏、苹果、黄芪、雪菊等农特产,且不断完善加工范围和能力。新建设综合食品加工厂,主要生产中药饮片系列、鲜果分选包装生产线、果酱、酵素以及树上干杏、杏包仁等休闲食品共四条生产线,生产60余种产品,同时建设有中药养生鸡屠宰分割生产线,以及配套一产发展的万吨有机肥厂。三产业,伊犁特克斯农副特产电商直营一体展销平台,"雪域吃货"农副产品线上商城,结合企业线下"雪域吃货"品牌店,致力于实现"食归自然"的美好夙愿。六产业,原产地农业休闲观光,实现农旅融合,公司建设的一、二、三产业,全部实现农旅融合、文旅融合,把基地建设成为集休闲、观光、体验、培训为一体的农旅结合基地,公司已是自治区休闲观光农业示范点及全国休闲农业与乡村旅游四星级企业。现正在依托樱桃产业申报国家 AAAA 级景区和国家级农业研学教育基地。

砺剑锋公司产业带动贫困村五个,分别是呼吉尔特蒙古乡库尔乌泽克村发展黄芪种植 63 亩,乔拉克铁热克镇克孜勒阔拉村林下养殖,齐勒乌泽克镇阿克齐村黄芪种植 1000 亩,齐勒乌泽克镇巴喀勒克村养殖场,喀拉达拉镇翁格尔塔斯村黄芪种植 621 亩,喀拉托海镇铁热克提村黄芪种植 405 亩。

砺剑锋企业通过一、二、三产业融合发展和"一产业+二产业+三产业=六产业"战略,直接带动农户 300 余户,人均增收每年 8000 元。间接带动农户600 户,促进了农村社会经济的发展,有力推动当地农村产业结构的调整。

【创业者故事】

张军 2000 年中专毕业,只身一人到乌鲁木齐打拼,从事建筑行业及农业生产,凭着吃苦和好学的精神,他于 2005 年走上创业之路,2008 年开始从事农业生产经营,至今已经有 12 年的时间。十年磨一剑,如今张军名下注册了 5 家企业和 1 家合作社,在新型农业经营领域再次创业,开辟了一条全新的创新创业路径。

这 10 多年的创业打拼,让他品尝到做农业产业化不为人知的辛酸苦辣,那些走过的艰辛创业旅程,让他倍感珍惜。

从 2008 年以来,张军从投资设施农业开始,做了大量的种植实验,其中失败的居多,损失惨重,2009 年开始,做种植大樱桃的准备工作,用两年的时间收集和整理数据,分别和匈牙利考维斯大学校长、世界樱桃协会主席卡洛里教授、西北农林科技大学蔡玉良教授,以及新疆农大、新疆农科院等科研院所合作。2012 年引种温室大樱桃成功,2014 年在特克斯县流转土地1600 亩建设大樱桃园,2018 年见到开花结果,初见成效,获得成功,截至今年,张军在当地已建立了集品种选育、示范、推广种植、技术服务为一体的新型农业产业体系。发展樱桃种植产业将是农民增收、农村经济发展和社会主义新农村建设的一条重要途径。樱桃基地 2018 年进入挂果期，2020 年全部挂果，预计 2022 年全部进入盛果期，平均亩产 1500 公斤，年产量可以达到 2400 吨，按现市价每公斤 25 元计，年产值可以达到 6000 万元，具有明显的经济效益。

经过十几年的摸索和尝试，砺剑锋公司将发展战略确定为生态循环农业全产业链发展，即包含一、二、三产在内的六次产业全方位运营，并且明确公司专注于打通产业链瓶颈，做好标准和品牌，只做产业链的长度，然后带动当地农民去延展产业的宽度，由此形成了农业全产业链循环发展的新模式和新业态。

敢为天下先

张军在创业初期土地流转时就遇到了阻碍，因为当时特克斯本地都是以农户为单位小规模种植，企业化大面积流转土地对于老百姓来说是史无前例的，因此他们对土地流转这种做法是非常不认可的，根深蒂固的思想告诉他们土地是老百姓的命根子，如果企业进行土地流转，他们就会失去最基本的生活来源，所以，无论张军和他的团队包括当时的驻村工作队如何努力地给农户做工作，他们就是不愿意把自家的土地给予企业进行土地流转。因为农民很不理解，他们自己种这么多年地都赚不到钱，一个年轻人拿钱过来做农业可以赚到钱？企业能把他们的土地承包给齐吗？功夫不负有心人，最终经过多方努力，特别是当时的张利书记，她为留住这个产业，为让当地老百姓增产增收，不惜以引咎辞职给企业做担保，在如此强有力的推动和各级政府的支持之下，土地终于流转完了，把苗木也种在地里，结果当年苗木成活率就达到 95% 以上，为公司减少了不少损失。

置之死地而后生

张军确定在特克斯投资种植 1600 亩樱桃时，又遇到困难了，因为这个项目的投资落地对特克斯来说是一件大事，且樱桃种植在新疆也无先例可循，所以大家都不认可且持有怀疑态度。当张军给县委领导汇报完大规模种植樱桃的必要性之后，副县长（主管农业）提出了一个革命性的问题，他说："橘生淮南则为橘，生于淮北则为枳，你要知道你的大樱桃栽种到这里，有没有成功的可能性？"因为没有先例，所以副县长对这件事情也是抱有怀疑的态度。他作为主管农业的领导，一言一行都将对整个县委领导班子的决定起到很大的影响,危机时刻,张军只能做表态发言:"第一,我们自主经营,不需要政府资金;第二,我们需要你们对这个项目的认可;第三,我们一定会把这个产业做成、做好,我们有这种置之死地而后生的决心。"经过前期四年时间的实验种植大樱桃,他们发现在这里种植大樱桃是成功的,而且种出来的樱桃品质非常好。经过不断努力地争取,县领导班子一致同意要把这个项目落地在伊犁河谷。2020 年,樱桃已经实现量产并全面挂果,弥补了新疆地区的樱桃产业空白,获得全面成功。

失败是成功之母

因为没有先例可循,张军在进行农业产业发展的过程中基本都是摸石头过河,这些年也是在不断的探索中,经历一次又一次的失败和挫折,从第一年黄芪产量只有 300 公斤到 2019 实现亩产 1000 公斤的鲜品,从一开始黄芪品质好、产量不高、农机技术落后,经过六年时间的不断总结经验教训、打磨创新,终于从种子育苗到移栽、收获、加工等各个环节都取得较好的成绩,也使现在的黄芪品质产量都远超一般普通黄芪 4－5 倍,且黄芪品质远超药典新规 2－3 倍,今天取得的成绩,都归功于这些年多次、多角度不断实验,总结经验教训而得来的宝贵财富。

逐步确立六次产业融合大方向

砺剑锋公司致力于全产业链运营,是以农业为基本依托,通过产业联动、产业集聚、技术渗透、机制创新等方式,将资本、技术以及资源要素进行跨界集约化配置,使农业生产、农产品加工和销售、餐饮、休闲以及其他服务业有机地整合在一起,促进农村一、二、三产业紧密相连、协同发展,最终实现农业产业链延伸、产业范围扩展和农民增收。这条产业链的壮大不仅有自己企业的力量,还要整合进相关的企业、合作社等市场主体以及广大农民,而整合的关键就是标准。产业链的长度是产品的不断创新,产业链的厚度、宽度就是与农民、牧民和其他农业生产经营主体的合作。现在砺剑锋在全疆与 130 多家新型主体合作,涉及杂粮、蜂蜜、畜禽、粮油、奶制品、代茶类等多种农特产品。特克斯县的农业企业几乎都跟砺剑锋有合作关系,所有加工企业符合砺剑锋企业标准的产品都能在"雪域吃货"的直营店销售,都可以贴"雪域吃货"的品牌,如奶疙瘩、蜂蜜等。

张军认为砺剑锋企业的核心竞争力就是做新疆农产品的标准和品牌,目前砺剑锋拥有国家标准四项。从内涵上讲,标准本身就是技术,是技术规范化的提炼。从外延上看,标准包含农产品生产加工的方方面面,无论管理、栽培、养殖,还是加工、质检、储运等等都需要标准。从功能上看,标准是建立品牌的前提,品牌是产品差异性的外在标识,差异性的内在机理则是企业的自有标准,有标准才能有品牌,有品牌才会有认知度,才会有市场,才能支撑起产业发展和农民增收。标准取决于市场细分后的目标消费群,为不同产品确立不同标准,更能帮助企业细分市场、精确寻找目标消费群。

就像没有标准的工业不叫现代工业一样,没有标准的农业也不能叫现代农业,更不会有产业的发展。但是农业的标准与工业的标准不同,标准形成机制、标准化的标准都不一样。砺剑锋企业的最终目标就是做标准化的农业,找到每一个标准所针对的目标消费群,从而打开产业链的长度,把品牌树立起来。而做标准的先决条件是选择一个支点,张军的支点就是用 10 年时间在特克斯发展起来的种殖、养殖、加工、销售等多个生产经营实体。标准不是空想出来的,只有通过生产经营的实践才能掌握。现在砺剑锋企业的标准还没有建立起来,还没有到做品牌的阶段,还需要长期的投入。

大循环套小循环,形成形产业链

经过十几年的摸索和尝试,砺剑锋公司将发展战略确定为生态循环农业全产业链发展,即包含一、二、三产在内的六次产业全方位运营,并且明确公司专注于打通产业链瓶颈,做好标准和品牌,只做产业链的长度,然后带动当地农民去延展产业的宽度,由此形成了农业全产业链循环发展的新模式和新业态。

公司的一产以林果和中草药种植、林下养殖和土鸡养殖为主。目前已建成的各类种植基地共 1.38 万亩,其中特种林果园(苹果、杏、樱桃)5300 亩、黄芪 5100 亩、大樱桃 1600 亩、树上干杏 1700 亩。中药养生土鸡养殖场占地面积 105 亩,年可出栏中药养生土鸡 30 万羽。

公司的二产以加工为主,已建成伊犁河谷农副特产综合加工厂和八卦明珠果蔬加工厂,可加工树上干杏、苹果、黄芪、草莓、雪菊等农特产品,以及中药食材饮片和香料作物,这些农副产品加工厂总投资达到 1.2 亿元。

公司的三产主要分为销售和农旅两大板块,由子公司新疆砺剑锋农业科技有限公司负责运营。销售方面公司既有线上平台,也有线下门店。拥有与天猫、京东等同样资质的"雪域吃货"电商开放平台,不仅销售自己的产品,也销售符合标准的其他公司、合作社的产品，成为伊犁特克斯农副特产品的线上展示销售平台，公司致力于实现"食归自然"的美好夙愿。

农旅方面主要打造原产地农业休闲观光服务，致力于把所有的种养基地都建设成为集休闲、观光、体验、培训为一体的农旅融合基地，把所有的加工厂都建设成为集生产、观光、体验为一体的可视工厂，结合特克斯优越的绿色生态产地环境和自然风景，让消费者对公司的产品有更加深入的认知，促进产品的推广销售和品牌认知度的建立，创造新疆农业知名品牌。目前，公司的"以游促销"模式已初步形成，"雪域吃货"电商平台推动了"互联网＋农业"项目快速发展。农村一、二、三产业的有机融合有效带动了原产地农业生产加工的快速发展。

实现一、二、三产融合发展

销售、旅游、文化等第三产业将产业链上的产品直接带给消费者，也将消费者直接带到原产地，打通了消费者与农产品联系通道，提高产品的知名度和消费者的信任度，从而实现整个产业链提质增效。一、三产融合是大循环的点睛之笔，通过第三产业的融入，推动了整个大循环迅速运转。

建立销售网络。张军着力打造线上、线下相结合的农产品销售网络，省去各类中间环节，将产业链条上的各种农产品直接销售给消费者。张军敏锐地意识到，特克斯许多优质农产品由于地理位置偏远而不被消费者所认识和了解，互联网恰恰可以跨越地理位置的限制，让全国乃至全世界的人了解特克斯的农产品。因此，他创建了"雪域吃货"农产品品牌，打造了"雪域吃货"网上商城，这是新疆本地O2O商城，主打食品原产地销售。在线下销售方面，张军坚持以前店后厨的直营方式进行销售，在乌鲁木齐、大连、西安等地建立了九家直营店，实现了一产生产和三产销售的融合。

全面打造农旅结合。在张军眼里，每个生产基地，它不仅仅是基地，而是观光点。张军提出了"原产地观光农业"概念，将每个生产基地建成观光点，不仅可以带来旅游收入，更重要的是让消费者先旅游再了解产品，从而提高消费者对农产品的认可度。因此，在张军的大循环里，他将农业基地建设与餐饮、住宿同步推进，努力实现吃、住、行、游、购、娱一体化，通过农旅结合提高整个产业链的附加值。2017年，基地原产地共接待游客3000－4000人。

着重推出文旅融合。文化是旅游最好的资源，文化有利于旅游的特色化、品质化、效益化的发展,而旅游又有利于文化的吸引力、竞争力、影响力的提高。在张军大农业太极版图中,休闲农业与乡村旅游是重要的一环,而在开发休闲农业与乡村旅游过程中,他特别注重挖掘文化和融入文化。特克斯是世界上唯一一处易经文化、乌孙文化和草原文化交织的地方。大家都熟知的是,特克斯是世界上最大、最完整的八卦城,中国最西边的八卦城和易经文化所在地;但是,许多人并不知道,特克斯是西域最大游牧古国——乌孙国的夏都"赤谷"所在地,是中国现存乌孙古墓最多的地方。同时,特克斯是中国古代最大的赛马场——"汗草原"所在地,中国古代游牧民族津命"牙帐"最多的地方。张军在自己的基地中央建立了名为"赤谷新城"的休闲农业庄园,将易经文化、乌孙文化和草原文化融入基地建设中,扩大了一、三产业融合的深度和广度。据张军介绍,他很早就注册了"赤谷新城"的商标权。后来,县政府有关部门领导想购买"赤谷新城"商标权,并将它作为特克斯区域品牌,然而为时已晚。

无论是线上线下销售结合,还是农旅结合或文旅结合,张军的一、三产业融合的理念可以说是超前,文化、旅游等元素的加入使张军的大农业太极图生动而更富生命力。

【创业总结】

产业链条中一环也不能缺

张军认为,农业企业的核心竞争力除了标准,还有时间和产业链的完善。时间是指农业产业发展需要漫长的时间去沉淀,需要有足够的实力去支撑,就好像他的大樱桃园目前是西北地区最大的大樱桃生产基地,但种一棵树需要七年时间,养成一个大樱桃园的时间比很多工业项目的建成周期都要长。产业链的完善是指农产品的价值链条可以根据市场需要而变化延伸,比如生产大豆,可以直接卖豆子,也可以根据市场需要加工成豆芽、豆浆、豆干、豆腐、臭豆腐等等,延长产业链,从中产生利润。

农业可持续,不在于市场可持续,因为市场是由人来引导的,市场需求可以开发创造出来。农业可持续主要在于产业链的完善,农业企业要实现可持续发展,最关键的是顶层设计要做好。因为农业产业内部十分复杂,环环相扣,就像人体一样,哪一个环节出了问题都不行。所以做农业企业要在顶层设计下运筹帷幄,打造一个能让企业良好运转的完善的产业链条,向产业的长度、宽度和产业融合要效益。这其中长度是指产业链条要完善,宽度是指要有足够的规模,融合是指要能够自我循环。这其中有虚有实,即不必追求每个环节、每次循环都直接产生效益,有些环节和循环可以是为其他环节和循环服务的,是"虚"的,而有些环节和循环是直接产生利润的,是"实"的,要能够保证产业链条和整体循环有利润、有产出,就像打太极,虚实结合才能赢。

周文川
"做生态农业的倡导者"

      从农家院子走出的周文川,在沿海打拼 8 年,曾认为城市才是"商战"的蓝海。但由于心底那股浓烈的乡土情,他返乡创办万康生态农业,让情怀在拼搏中中生根、发芽。公司在不断摸索中始终坚持绿色发展理念,通过建立现代企业经营管理制度,积极与外界交流,与科研院所形成产学研联合研发机制等,朝着"做生态农业的倡导者"的目标快速前进。

【个人简介】

      周文川,男,1976 年 8 月出生于四川省大竹县,大专学历,现任大竹县万康生态农业有限公司董事长。

      他是四川省大竹县第十四届政协委员、四川省 SYE 青年创业导师、重庆市南岸区青年企业家联合会理事、四川省大竹县竹产业协会会长、四川省达州市青年企业家协会副会长。先后获得"四川好人""首届达州市农村青年致富带头人"称号,"大竹县优秀民营企业家""达州市、大竹县优秀政协委员""达州市最美新农人"等荣誉。

【创业感言】

      作为一个新农人,随着经历的事、接触的人越来越多,我亲身体会到帮助他人成就自己的真谛。乡亲种地的艰辛,很多人离开家乡后剩下撂荒的土地,油然而生的责任感给予我克服一切困难的动力。特别是看到乡亲们增收致富后露出的那一张张笑脸,我心底的满足与自豪感,让我确信我的坚持和选择是正确的。

【组织简介】

2015 年 3 月,大竹县万康生态农业有限公司成立,旨在为千万家庭提供生态食材。基地位于国家 AAAA 级景区(大竹县五峰山国家森林公园)旁,依山傍水的地理优势,以"生态"食材来开拓国际国内市场。共研发出巴山竹系列、五峰山珍系列、家猪腊味食品系列、竹城万康生态食材系列产品。

经过五年多的努力拼搏,公司现已成为一家集生态种养殖、农产品深加工和研发的农业科技企业。正申报博士(专家)工作站,系四川农业大学(本科生、研究生、博士生)就业实践与教学基地。2020 年 6 月 30 日,万康生态农业与四川大学轻工科学与工程学院签署了共建"产品精深加工技术研究中心"。

公司已于 2017 年在天府股权交易中心双创板挂牌;2019 年被四川省经济和信息化厅列入"四川省重点培育中小企业";2020 年被工信部批准为第一批防疫物资及生活必需品重点生产企业。

在不断发展壮大自身的同时,公司更不忘履行社会责任。公司以成熟的生产模式和完善的销售渠道,快速在各地进行复制与帮扶。现已展开合作的有四川省达州市大竹县的李家乡大湾村、朝阳乡木鱼村和竹园村、周家镇八角庙村、杨家镇六合村、月华镇河心村及其周边的贫困群众。截至 2020 年 6 月,万康免费给农户提供鸭苗 500 只,鸡苗 3700 只,大米种子 960 斤,中药材种苗 11 万余株,鼓励他们参与产业发展。

万康就是以产业扶贫、商贸扶贫、就业扶贫等形式,带领乡亲们共同致富。周文川也时常走到田间地头,将自己的创业经历、经验分享给农户,组织乡亲们参与交流、培训,帮助村民实现了"土地流转"和"基地务工"的双重收入,为农户提供资金、提供技术、提供场地、订单销售,解决了 287 名农民工就业问题,每户增加收入超过 3500 余元。

公司充分发挥联农带农作用,取得了明显成效。特别是通过与四川大学、四川农业大学、成都中医药大学的深入合作,以现代科技为依托,立足于本地资源开发和主导产业发展的需求,通过引进新的优良品种、培育特色支柱产业、开展"高校＋基地＋农户"合作模式,进行示范带动,与乡亲们一起发展。

【创业者故事】

追梦从农家院子里起步

从农家院子走出来的周文川,经过打拼,思想境界与格局均得到了提升。但他始终没忘初心,农村是他的根。

越来越多的人离开农村,导致土地大片荒芜,看到劳动力的减少、信息不畅通、没有市场经济观念、收入始终难以提升等问题,他心里特别着急。后来,他带着改变乡村命运的使命感,想去帮助更多的乡亲脱贫增收。

始终坚持绿色理念

随着农业现代化步伐的加快,传统的农业耕作方式渐行渐远,过量施用农药、化肥损害了土壤的品质,不少农产品失去了"小时候的味道"。回归传统,坚守初心,专注于生产原生态农产品。

公司坚持绿色发展理念,生态蔬菜使用农家肥培育,从种子下地到成品上桌,不施用农药、化肥。尤其是生态鸡、生态猪的养殖,坚持放养,让它们在山林中尽情嬉戏,并用玉米、蔬菜、粗糠等作为辅助料,成功地找回了"小时候的味道",受到市场的广泛好评。

生态农业是一生的追求

作为一个新农人,努力拼搏、始终坚持是周文川最真实写照。

在创业初期,固定资产投入太多,销路不畅、各项费用开支特别大、流动资金不足让他喘不过气来,每天工作时间超过 18 个小时,全年无休,不敢喊累,不敢松懈,为了节省开支,很多事都是亲力亲为。

经济飞速发展,现代农业也要求创业者有更加全面的知识,不仅仅是种养技术,还要结合现今的线上营销、新的管理模式等等。因此只要有任何学习机会,他都特别珍惜。

"做生态农业的倡导者",是他的一生的追求。

为了这个追求,他倾注了所有精力和全部家财。专心农业、关心农民、热心乡情,落实乡村振兴战略;创建联合社、开展院企合作、筹建博士(专家)工作站,做大做强自己的企业,更以自己实实在在的行动繁荣了农村经济,增加农民收入,推动了生态农业的发展。

做生态农业的践行者

2015 年 3 月,大竹县万康生态农业有限公司登记成立。成立之初,公司以生态农产品种养殖及生态食材体验餐厅经营为主,在四川省达州市大竹县共建有朝阳、周家、月华三处基地,主要从事跑山鸡、跑山猪及果蔬种植。

公司成立后,由于前期固定资产投入太大,种养殖调研不细致,缺乏种养殖技术和经验,加之公司当时知名度不够,产品出现严重滞销,餐厅也生意惨淡。企业出现严重亏损,且流动资金周转困难,股东纷纷要求清算,企业濒临破产。

在企业的生死存亡之际,他卖掉自己房产,另外还向银行贷款筹资收购了其他六位股东股权。接手公司后,他大胆改革,关闭了餐厅,将三个基地种养殖业务以缴纳利润的新模式交给养殖技术员负责,及时阻断亏损,一下子就有了收入。收缩战线后,建立食品厂,专注农产品深加工和销售。2017 年企业止住了亏损的步伐,且略有盈利。

自 2016 年开始,每年的全国优质农产品(北京)展销周、上海进口博览会、广西东盟博览会、全国糖酒会、西博会、农博会、秦巴交易会上都能看到万康原生态产品,公司就是这样把产品和团队带出来,寻找新的客户,开拓视野。

建立现代企业制度

2019 年,公司稳步推进现代企业制度。一是完善了公司的股权结构,将原来的独资经营,变成了股份制,股东也由原来的一个股东变成了两个。二是将筹备成立公司党支部和工会事宜纳入议事日程。三是对公司机构进行了改革,成立了公司董事会、经营层。将公司的职能部划分为营业部和营业支撑部,将门店、渠道管理中心、大客户中心、线上运营中心划入营业部统一管理;将后勤综合管理、食品加工厂、合作社、家庭农场、财务中心等划入支撑部。两部门相互合作,共同为提高公司的产值努力奋斗。通过网站、微商城、淘宝店、抖音直播带货等新模式与线下直营店相结合的方式,不断开拓市场、多元化销售产品。

走出去打开眼界

要想企业走得更远,就不能停下学习的步伐,周文川于 2018 年起开始了求学之旅,中国人民大学、厦门大学、浙江大学、华为大学等知名院校留下了他学习的身影;民建中央企业家培训班、大竹县重点民营企业家培训班里有他求知的印迹。为了回馈社会,他参与筹建大竹蓝天救援队,并将自己的车辆无偿提供给救援队使用;他还东奔西跑义务帮助贫困户打开农产品销售渠道;每年拿出销售收入的1‰给精准贫困户分红。2017年将公司产品搬上了央视农业频道贺岁节目,2018年万康菇类林下种植成为央视少儿频道《芝麻开门》拍摄场地,也是四川省科普示范基地。

随着企业不断发展,万康原生态农产品得到了大众的认可,销量持续增长。截至2019年底,公司成了多家机关和企事业单位食堂的指定供应商,发展VIP会员2890人,年产值达2000余万元。

通过五年的创新理念锐意进取,公司的战略方向也更明朗,公司旗下已建设有"月华何首乌种植基地""五峰山野生虫草、野生黄精驯化基地"等中药材种植基地。2020年底计划再启动周家镇八角庙村、月华镇河心村、朝阳乡竹园村、朝阳乡仙桥村四个村5000亩中药材种植项目,预计实现中药材种植及加工等销售收入年产值超5000万元。

【创业总结】

作为一个新农人、一名农业创业者,周文川通过积极开展院企合作,逐步从传统农业向科技农业迈进。虽然取得了一些成绩,但是"生态农业"的道路依然艰辛漫长,周文川将带领团队继续坚持"原生态"的经营理念,在国家"乡村振兴"的政策大背景下,加快推动原生态农产品的生产和销售,让更多的家庭享用,努力做大做强,成为经济发展和联农带农的先锋企业。

李恩伟
打造农业品牌全价值链服务平台

　　李恩伟和他创建的优农一百有限公司通过近六年的坚持与深耕，从服务产品到服务企业，从服务企业到服务县域，从服务县域到搭建起全国知名的农业品牌全价值链服务平台，成了全国"寥寥无几""屈指可数"中的一员，也成为珠三角地区唯一一家服务于农业品牌的公司。

【个人简介】

　　李恩伟，男，汉族，1978年出生，广东省梅州人，本科学历。大学毕业后先后进入中国移动和腾邦国际两家上市公司担任呼叫中心的服务营销管理工作，成为一名有十余年呼叫中心行业经验的专家。2014年11月创建农优一百农业发展有限公司，投身农业品牌服务，倾力构建"农业品牌全价值链服务平台"，通过近6年、30多个农业品牌的服务实践，总结提炼实操型农业品牌建设方法论《"一五一十"做农业品牌》并开发相关课程体系。

　　截至目前，李恩伟累积飞行30多万公里，在100多个市县进行了200多场授课，为超过5万名县市政府领导、农业主管单位领导、农企创始人和农业电商从业人员分享过农业品牌塑造和农产品上行的经验；同时，作为商务部和人社部指导发起的"农村电子商务讲师专题培训班"的特聘讲师，他培养专业电商讲师人才500多人。

【创业感言】

"为农业服务是天底下第二美好的事业。因为第一美好的事业,被我们的客户做了。"农业道路是漫长而坎坷的,这是我们对客户的钦佩和赞美,然而正是有了这样的心态,让我们这么多年一直坚持在农业品牌的道路上探索实践,并且为客户提供农业品牌的全价值链服务,让客户的品牌从此不难做。

【组织介绍】

2015 年 11 月,李恩伟正式创立了农优一百(深圳)农业发展有限公司。公司成立五年多以来,一直专注农业品牌打造的探索和实践。在品牌培训、产业规划、供应链优化、品牌策划、营销执行、渠道对接、品牌运营等模块不断吸纳国内一流专家团队,搭建了国内领先的农业品牌全价值链服务平台,并总结实践经验,提出了"一五一十"做品牌的方法论体系。

公司先后打造了以李金柚、东江藏、恋·红妆、楼兰娇紫、地瓜兄弟为代表的多个农产品品牌;以湖南隆回"小沙江猕猴桃"、广东"龙门大米"、广东"仁化白毛茶"为代表的单品类县域公用品牌;以甘肃清水县"初祖农耕"、新疆阿图什市"天门果缘"和四川仪陇县"德乡仪品"为代表的多品类县域公用品牌等十余个农业品牌,承接了广东李金柚农业科技有限公司"木子金柚"品牌及龙门县云鹏双丰鱼农业科技有限公司老字号品牌双丰鱼等龙头企业的品牌升级服务。

在品牌传播方面,农优一百是新浪微博"一县一品"战略合作机构,整合了人民日报、学习强国、中央十七套、南方农村报、微博、今日头条、百度、抖音、快手等融媒体矩阵资源,为品牌传播推广、提高知名度和影响力提供支撑和保障。在产品销售方面,农优一百自建电商购物平台"农优一百"商城,与湖南红星全球农批中心成立合资公司,打通"电商+线下农批"流通渠道。并与多种渠道形成合作关系,组成线上线下渠道矩阵,保流通,促销售,塑品牌。在县域电商项目服务方面,农优一百是阿里巴巴数字乡村项目的授权服务商,服务能力可覆盖国家级电子商务进农村示范县的全案要求。2019年,农优一百获得广东省农村电商服务型企业杰出奖;农优一百服务的甘肃清水"初祖农耕"和广东龙门"龙门大米"县域公共品牌,在 2019 中国农业高质量发展博鳌峰会上双双获奖,李恩伟在峰会上也获得"大业农心,先锋人物"荣誉称号。

【创业者故事】

农业是难以割舍的眷恋

因为去全国各地给新农人讲课,李恩伟经常听到农人们感慨:"干农业真难啊!"再加之从小,他和姐姐就要去家里的柚子园帮父母干活,农业的"难",他不仅了解,更是切身体会。

可是,无论是老农人还是新农人,无论多么难,却还是一年又一年地坚持着,这到底是为什么? 因为中国人,要么是农民,要么曾经是农民,要么是农民的子孙,对土地的敬畏与感恩,早已渗透进了血液里,这是一种朴素的眷恋,是难以割舍的情感,更是与生俱来的情怀。这份深厚的情感与深刻的情怀,成了李恩伟跨界从农的内心驱动力。

偶遇网红开启品牌兴农创业路

2014 年,李恩伟认识了靠"塑品牌＋互联网"卖火了家乡板鸭的"柴公子",第一次认知到"品牌"可以让优质农产品实现应有的价值,可以让农民致富。于是,他产生了为家乡金柚打造品牌的想法。然而,对于他而言,让家乡的柚农富起来只是第一步,而更重要的是为了"让那口心中的水井回归清澈"。这口水井,是他的遗憾,是他萦绕在心头多年的疑惑,亦成了他起步农业品牌事业的重要缘起。

梅州是世界客都,青山绿水,生态天堂。小时候,李恩伟和一大家子人居住在传统的围屋里,房前屋后的水井常年汩汩涌出清冽甘甜的泉水。喝着泉水长大,在井边和伙伴们玩耍,那份自然与快乐,至今令他难以忘怀。然而 20 世纪 80 年代中期,梅州开始大规模种植柚子,农民为了顺应市场对柚子"大而美"的要求,滥用化肥农药的情况比较普遍,农药残留浸入土地,经多年雨水冲刷,地表水水质被严重污染。在 15 年前,井水已不再能饮用,村民不得不从远方的山头铺管引水。

通过研究观察,他发现,以破坏自然生态为代价换取经济发展的情况在中国农村很普遍。为了追求短期利益,农民盲目跟风,违背可持续发展规律,滥用化肥农药,逐渐走进了生态差、农品差、市场认可度低、农民收益无保障的恶性循环;然而,安全种植的优质农产品成本高、价格贵,再加之宣传不到位,可谓"大家闺秀倾城貌,待字闺中无人识"。这是一个很现实的矛盾,也是中国农业发展的痛点,怎么解决?

农业品牌让他看到了解决这个痛点的可能性。品牌是助手,可以帮助农产品卖个好价钱,可以增加农民的收入;品牌是推手,可以推动全产业链的优化升级,让标准化、生态化的种植生产成为"标配";品牌又是平台,是政府和企业的平台,是产品和市场的平台,是内外资源整合的平台,是产业融合的平台,伴随着品牌的发展,其效能也在不断增长。在品牌的加持下,"让心中的水井回归清澈""让全国的青山还绿,碧水还清"将变为可能。

2013年年底,李恩伟决然放弃正在运营的呼叫中心,跨界农业,从打造家乡金柚开始,走上了"为农服务,品牌兴农"的道路。

用品牌全面打开家乡金柚新销售渠道

创业之初,李恩伟找到了家乡从事柚子生意20年的邻居李永生大哥分享想法,与李大哥一拍即合。因为俩人都姓李,"李金柚"的品牌命名由此诞生。基于李大哥拥有20年专注做优质柚子的经验,在品牌打造中,创意团队对"李金柚"提出了"梅州极品沙田柚"的定位,每一颗"李金柚"的背后是梅州金不换的好生态和用心种佳品的良心农人。

在品牌策划的时候,团队从"品格、品质、品味"三个维度对品牌进行了人格化塑造。"真诚不欺,美味不负",是做品牌的初心,也是"李金柚"的品格;"无须挑选,已是优质",是对品质把控的信心;"粒粒晶莹,如蜜香甜",是品尝"李金柚"时的真实体验,由此引发消费者情感认同。

在包装和传播文案上注入了鲜明的互联网元素。利用"诱惑"与"柚惑"两组词语同音,在包装盒的封口胶、包裹柚子的环保纸袋和开柚器的袋子上创作了"淡定,请轻轻撕开""Hold住,要温柔脱掉""Action,可以下手了"等文案,通过诙谐又互联网化的语言,让人们不经意遐想中引来会心一笑,触发消费者不由自主地举起手机拍照发圈,成为引发自主传播与消费者互动的利器。

品牌折页也创新地用讲故事的方式阐述了梅州的生态环境,"李金柚"的生长过程以及年轻的妈妈领着孩子在果园里劳作的场景,融入了创始人的情怀与愿景,激发了粉丝们对家乡情结的共鸣。

在定价时,除了参考市场同品质产品的价格外,也增加了故事性。"李金柚"折算下来一个柚子大约 22.3 元。22.3 元的定价,传递着两层含义:第一,柚子的重量在 2.2 斤至 3 斤,是品质最稳定最好的;第二,22.3 这个数字,刚好与梅州市区通往叶剑英元帅故居的省道编号 S223 相一致,这条路曾是叶帅走出梅州参加革命的道路,也寓意着"李金柚"要走出梅州,通向世界的美好愿景。

微商作为"短、平、快"的销售渠道,是"李金柚"最佳的选择。微商销售对传播内容的要求高,在大范围传播开始之前,团队在折页、海报、公众号、微店、微博等一系列传播载体上,多维度输入图文等内容,展示产品和品牌理念。

严格品控,准备充分,李恩伟发挥社交平台和社群的优势,开始从亲戚朋友着手,请他们帮忙发朋友圈宣传;加入了广州的新农人社群"农友会",并得到了创始人李芳华的大力推荐;通过社群链接更多的人脉和渠道资源。这些方法虽"笨",但是效果非常不错。

"李金柚"上线 10 天后,公众号 PV 流量达到了 2 万次;15 天,销售突破 1000 箱关口;在不到两个月的时间里,销售就突破了 2 万箱。朋友们封李恩伟为"微信卖柚第一人",《销售与市场》杂志还把他评选为"中国柚子大王"。"李金柚"的成功打造,成为很多新农人学习与传播的榜样。同时,微商模式的成功销售,不仅为家乡金柚打开了全新的销售通路,也为村里的农人们做了良好的示范,成为他们突破老传统、拥抱新时代的动力。

财散人聚,构建农业品牌全价值链服务平台

很多人对农业品牌的理解停留在一个名字、一个 LOGO、一句口号或者设计包装上。其实,这仅仅是农业品牌打造的一个环节而已。为了让农人们深刻理解农业品牌的价值与意义,李恩伟不仅走遍全国讲课分享,更整合各方优势资源,构建农业品牌全价值链服务品牌,提供从产业规划到品牌运营、覆盖农业品牌塑造十大关键点的"全价值链服务",并充分发挥"农优一百——农业品牌全价值链服务平台;李恩伟——三农大 V,农业品牌专家;打造出的 IP 化品牌"的三维 IP 矩阵,通过创建"共建、共享、共赢"的平台化运营模式"聚人才、聚资源、聚资金",不断优化和加强农业品牌的服务能力,将农优一百打造成中国最具影响力的农业品牌全价值链服务平台,为中国农业持

续发展赋能,助力乡村振兴战略早日实现。

面对压力,毫不动摇

2014 年,由李恩伟打造的梅州金柚品牌"李金柚"仿佛一匹小黑马,短短数月便成了网红水果。小试牛刀的成功,让他对未来的事业信心十足。但是,伴随着在行业的不断深入与服务的不断升级,农业的"难"让他每天都有如履薄冰的感觉。每一天都在翻山越岭,以为这座山翻过去了便是坦途,结果,是一座更高的山。困难和压力,可谓如影随形。

品牌兴农虽然已上升到国家战略层面,但是具体到县域,人们对农业品牌的价值认知还不足,对于如何打造品牌还缺乏思路。这就导致县域或企业决策迟缓。做品牌是需要具备一定的条件的,目前,具备打造品牌条件的县域和企业就不多,再加之认知不足、思路不清等问题,能够接受专业、系统的品牌服务的客户非常有限,这让他时刻面临着一个非常现实的困难,就是生存和发展压力。公司成立即将六年,合伙人和团队伙伴们一起吃了六年的苦。每个人都有生活的现实问题,作为创始人,要为他们的生活、他们的未来打算。但是农业又是一个需要长时间积累才能收获的行业,所以,李恩伟的内心常常充满焦虑,同时,也对大家充满了感恩,同行的陪伴和支持,让他在这条难行之路上一直坚持着,前进着。

和农业的种养殖相比,农业品牌可以说是一个新兴的行业,专业人才极度匮乏。李恩伟自己就是半路出家,团队成员也都来自广告、影视、地产行业,虽然都是行业精英,但也不算农业领域的专业选手。农业品牌是什么,该怎么干,大家都是在探索。所以,这是一个本身就在发展中的行业,行业教育还没有成体系,专业人才还没有形成群体,作为先行者,没有多少经验可以参考,每一步路都要自己试探着走,每一个坑都得自己跳过才知道怎么回事。对于企业来说,这无疑极大地增加了试错成本。

也正因为农业品牌所处发展阶段的客观事实,县域或企业对农业品牌的重视程度不足,匹配的资源也非常有限。而品牌运营恰恰需要全产业链的优化支撑,才能让一个品牌进入良性发展的轨道。现实矛盾让中国的农业品牌长期处于有创建、无运营的窘境。可是作为一个服务公司,服务有时间性,除了给予专业层面的支撑外,对于全产业链的发展很难把控,所以,有时候他看到花费心血创建的品牌在热闹了一阵子之后便悄无声息了,心里既遗憾又无奈。

　　虽然为农业品牌服务的事业困难重重，但是李恩伟从创业至今没有过任何动摇，始终深深扎根，不断地向行业、向前辈、向市场、向客户学习，从一名农业"小白"，成长为了一名农业品牌专家。并且，他善于总结，创造农优一百农业品牌打造核心理论《"一五一十"做农业品牌》，该方法论是以实践经验为基础，以务实、真诚为基调，以可落地、可实操为原则，分享了如何"抓住机遇把握一个核心前提，完成五项自我评估，构建'五位一体'农业品牌矩阵，把握农业品牌'十个关键点'"的农业品牌打造实用方法。同时，李恩伟不吝分享，积极筹建农优一百农业品牌研究中心，组织专业师资，开发系统课程。同时自己下县域，开直播，将所有的经验和心得毫无保留地分享给大家。李恩伟认为，思想决定行动，因此，要解决行动问题必须先解决思想问题，而教育是改变思想、提升认知的最重要的方法。他希望通过自己的分享，能够让决策者、从业者都能认识到农业品牌的意义和价值，积极投身到这份事业中来，共同完成品牌兴农的伟大使命。

"一五一十"做品牌

　　什么是服务？服务是一种信仰，想客户所想、急客户所急。倾听、理解是走进、共情。所谓的专业不是居高临下的指导，而是帮助农品说出它的故事，帮助农人实现他们的梦想。

　　2015 年，李恩伟正式创建农优一百（深圳）农业发展有限公司，在品牌培训、产业规划、供应链优化、品牌策划、营销执行、渠道对接、品牌运营等模块不断吸纳国内一流专家团队，搭建了国内领先的农业品牌全价值链服务平台，并提出了"一五一十"做品牌的方法论体系。

　　李恩伟带领的农优一百团队积极整合外部资源，是新浪微博"一县一品"战略合作机构，搭建人民日报、学习强国、中央十七套、南方农村报、微博、今日头条、百度、抖音、快手等融媒体矩阵，为品牌传播推广、提高知名度和影响力提供支撑和保障。

　　在产品销售方面，农优一百自建电商购物平台"农优一百"商城，与湖南红星全球农批中心成立合资公司，打通"电商＋线下农批"流通渠道。并与多种渠道形成合作关系，组成线上线下渠道矩阵，保流通、促销售、塑品牌。

　　在县域电商项目服务方面，农优一百是阿里巴巴数字乡村项目的授权服务商,服务能力可以覆盖国家级电子商务进农村示范县的全案要求。

小沙江猕猴桃,服务升级、品牌助销代表项目

小沙江猕猴桃是农优一百打造的第一个县域公共品牌,对农优一百品牌服务从产品升级为县域的重点项目,具有里程碑式的意义。

那一天是农历的七月十四,广东人称之为"鬼节",按照传统,这一天都是早早回家不出门的。但是小沙江的猕猴桃收获在即,销路还不知道在哪儿,农民的收入还没有着落,县委书记非常着急,希望农优一百团队能够赶紧给他们支支招。面对书记的这份信任和隆回果农的生计大事,团队必须立刻启程连夜赶往隆回,第二天一早实地考察。小沙江地处湖南隆回西北部,被称为"隆回的西藏",小沙江猕猴桃藏身深山密林,在没有人为干预的情况下自由生长着。走了一圈,李恩伟心里打起了鼓,"纯天然"的小沙江猕猴桃果形小、产量少、品控难,这个品牌要怎么做?他一边沉默着思考,一边随手摘了一个猕猴桃,简单剥了皮便塞进嘴里,一时间,沙软的果肉瞬间融化,浓郁的香甜直击味蕾。那滋味,好像童年时在山间采摘的野果,清甜解渴,令人回味。他赶紧让团队的伙伴都品尝一下,儿时的山野美味一下打通了团队的创意思路,"自然生长"看似是劣势,可如果讲好这个故事,就能转劣势为优势,成为品牌的核心价值。

对于品牌打造,李恩伟一直强调"我们是讲好品牌故事,不是编造品牌故事",一个有生命力的品牌,一定是生长于它的"地脉、人脉、地脉、产业"等诸多基础之上,所以他要求团队在打造品牌之前必须去田间地头,真听真看真感受。

当晚,在一个猪圈改造的小餐厅门口,李恩伟把"小沙江猕猴桃"县域公共品牌的打造思路和向书记做了系统的汇报——结合小沙江猕猴桃"野蛮"生长的特性,提炼出"野之自然、蛮之精神"品牌核心价值,将"小沙江猕猴桃"产地的生态环境与湖南人的霸蛮精神融入品牌灵魂中,提出用"我在小沙江野蛮生长"的口号迎合消费者对"天然、健康、安全"农品的需求突破市场。听完汇报,书记当即决策:"马上行动,但是只能给你们20天时间。"

20天,品牌策划、拍摄质朴走心的宣传片、设计花瑶特色的包装、举办300人规模的品牌线下发布会、联手新浪微博同步发起"小沙江猕猴桃"的线上发布会,全媒体渠道超5000万次的曝光……至2019年1月,短短100天,"小沙

江猕猴桃"从不为人知华丽转身为小有名气的品牌,不仅获得湖南籍著名主持人何炅的免费代言,还上了央视和微博热搜,获得了共青团中央、湖南日报的报道,并获得了新浪微博年度影响力事件大奖。2000 多吨"小沙江猕猴桃"全部销售完毕,小沙江镇 400 多户贫困户户均增收 1000 元以上。

合同可以完成,但服务不会止步,之后,农优一百又为"小沙江猕猴桃"从果品品控、品牌运营、产业规划、电商培育四大方面给出了 18 条发展建议,为品牌的持续发展献计、献策、献力。

县域公共品牌"初祖农耕"——品牌助力扶贫成果项目,农业品牌全价值链服务平台初构建

从深圳到甘肃清水,2124.5 公里,为了服务,农优一百及核心团队,一年间往返五次。甘肃清水,一个总面积为 2000 多平方公里的小县城,对于中国农业来说有着举足轻重的地位。这里,是轩辕黄帝的诞生地,也是华夏农耕文明的诞生地。但是,就是这个华夏文明的"祖庭"之地,在市场中却悄无声息。清水全年地区生产总值仅为 20 多亿元,世世代代的清水人在土地中耕耘,老老实实种田,许多农法农技在清水已经传承了千年以上。清水的农产品非常原生态,没有什么华丽的包装,也不做什么广告,朴实的清水人种出朴实的农产品,健康、天然,可是却面临着"有农品无产品、有产品无商品、有商品无品牌、有品牌无销路"的四无困境,农民日夜辛勤劳作,但生活却仍然艰苦,县域脱贫任务繁重。面对如此厚重的文化和农民迫切的增收需求,服务清水,责任重大。

"服务清水,保持敬畏"是李恩伟始终不敢改变的初心,与其说是团队为清水打造品牌,不如说是团队在向这片农耕初祖的土地学习、献礼、膜拜。

通过深度走访调研,农优一百为清水制定了"找魂、造物、发声、拓市"的品牌战略,将清水"轩辕故里,农耕之源"的特点融入"初祖农耕"的品牌命名中,找到"朴实"二字为品牌铸魂,并提出"承千年、道朴实"的品牌口号;打造"以核桃为核心单品,以花牛苹果和蜂蜜为王牌产品,以花椒、胡麻油、半夏、玉米、鸡蛋等为特色产品"的众星拱月式产品矩阵;通过"以新带全"的融媒体传播策略,在新浪微博建立♯初祖农耕♯品牌话题,发动各大媒体和大 V,做大品牌传播声量;除对接线上强势销售平台外,还成功地对接华中最大的农批市场——长沙红星大市场,"初祖农耕"系列朴实农作将从这里出发,走向全国市场。品牌培训、品牌策划、产品规划、视觉系统打造、品牌传播营销系列举措、矩阵式销售渠道对接,"初祖农耕"县域公共品牌标志着农优一百服

务升级至多品类县域公共品牌,同时,多方资源的整合,标志着农业品牌全价值链服务平台的初步建立。

2019年"初祖农耕"县域公共品牌亮相数博会,走进2019中国农业高质量发展博鳌峰会,斩获2019年区域公共品牌活力榜单"创新营销榜样"大奖,同时,抢抓国家能源局定点帮扶和天津市河北区东西部协作扶贫对口帮扶机遇,积极组团赴天津、北京、新疆、广东、湖南、海南、江苏、江西、上海、重庆、四川、广西等地开展推介活动,开通微店分销农产品,借助抖音、快手、今日头条等自媒体宣传推介清水农产品,采取消费扶贫、电商平台、农超对接、展会促销等线下线上融合方式,拓宽农产品销售渠道,全年完成农产品销售约1800多万元。

龙门大米——农业品牌全价值链平台全面发力,农业品牌赋能产业代表项目

经过一年成长,2019年,农优一百农业品牌全价值链服务平台趋于成熟,服务价值从助农助销层面上升为推动县域产业发展。"龙门大米",是"以品牌兴产业"的标杆项目,是农优一百服务升级的另一座里程碑。

龙门县是广东省惠州市一个不出名的小县城,龙门县内有一个广东的著名景点南昆山。但是即便是去过南昆山旅游的人,绝大多数也不知道龙门县。龙门人世代以种植水稻为生,主要品种是丝苗米。据县志记载,龙门种植丝苗米的历史已有350多年了,而且龙门大米有奇香,尤其是新米,即便没有菜,也能吃上一两碗。广东人爱吃的煲仔饭、炒饭,用丝苗米口感最佳。论品质,坊间更有"南丝苗,北五常"的说法,可是,早在2001年,五常大米便开始了品牌化发展道路,今年,五常大米更以698.6亿元的品牌价值稳居全国初级农产品类品牌价值第一位。无论是知名度、影响力还是品牌化程度,丝苗米都不可与五常大米同日而语。

2019年,"龙门大米"县域公共品牌打造工作全面启动。作为从小吃丝苗米长大的广东人,对于"龙门大米",李恩伟倾注了与众不同的情感。他亲自带队实地驻扎,下农田、走企业、跑基地,农优一百团队发现龙门大米生长在南昆山下的万亩良田,喝南昆山的泉水,呼吸南昆山的富氧空气,吸收南昆山的丰富矿物质营养;龙门人也对南昆山充满敬仰,奉为神山,当地也流传着很多关于南昆山是"神仙居所,通天之路"的传说;同时,在地理位置上,南昆山位居南粤龙脊之上,而龙又是中国传统文化中的祥瑞圣物,有龙之地,便是风

水宝地。如此,龙门大米与南昆山建立了不可分割的联系,而借力南昆山的知名度,恰能很好地赋能龙门大米。于是,农优一百巧妙地运用这样的关联,为龙门大米提出了"南昆山下有仙稻"的品牌口号,用南昆山的"仙气"、龙门大米的"仙香"为品牌注入灵魂(见图1)。

图1　"龙门大米"品牌宣传

2019年,"龙门大米"区域公用品牌亮相中国农业高质量发展博鳌论坛,斩获"品质匠造"大奖。借助品牌打造影响力,龙门大米产业园在以"双丰鱼"为代表的龙头企业的带动下,破土兴建。产业园区以实施乡村振兴战略为引领,合力共建"绿色、幸福、美丽、愉悦"新龙门为目标,以"创新、协调、绿色、开放、共享"新理念引领农业新发展,着力构建现代农业产业体系、生产体系、经营体系,坚持以"质量兴农、品牌强农"为导向,以培育和壮大新型农业经营主体为抓手,立足龙门大米特色产业,发展农业高新技术产业,提高农业产业竞争力,推动农业全面升级。着力促进一、二、三产业融合,积极探索农民分享二、三产业增值效益的联结机制,带动农民持续稳定增收,打造高起点、高标准的龙门大米现代农业产业发展先行区。

2020年初,龙门大米入选隆平大米种植基地,一跃成为中国大米头部品牌、优质代表。

【创业总结】

深圳是一座走在世界前沿的城市,人们的目光聚焦在高速发展的新兴行业,而农业是一个不太被关注的领域。在深圳干农业,是孤独的,但同时又是幸运的。因为深圳是全国的先行示范区,深圳是实现梦想的创业天堂,深圳是高效的,深圳是进取的,深圳是务实的,深圳是坚韧的,深圳是创造奇迹的地方。深圳的文化与商业环境,影响着像李恩伟一样的新农人,奠定了其创新又务实、进取又踏实的创业作风。

树立目标不懈怠,大梦想靠的是日日精进的小积累

6年来,李恩伟将情怀转化为实实在在的目标,又以目标为指导,精进地奋斗在每一天。创业是一场漫长的旅程,目标是前行的方向。目前,李恩伟给自己设定了一个短期目标和长期目标。短期目标,第一,希望在农优110周年的时候,可以培育出50个有活力的品牌。有活力的标准是:具有良好的自运营能力;具有良好的自生长能力;在市场有一定的影响力和认可度;能够带动农民稳定增收;对县域农业全产业链发展起到推动作用。第二,希望建立农业品牌研究学院,在农业品牌建设方法论的研究和教育上有所建树。目前,他已经飞行了30余万公里,走过了100多个县市,进行了200多场的授课,受众人群超过5万人,疫情期间,也进行了十余场线上授课,覆盖人群超过了50万,希望在农优十周年的时候,这个数字可以翻几番。长期目标,第一,希望培育出像"佳沛""新奇士"那样享誉世界的中国农业品牌,并且能够相传百年。第二,希望中国的每一个县域都有农优一百品牌研究学院培养的品牌人才,为品牌发声,为产业发力,成为乡村振兴伟大事业的参与者、践行者、奉献者和见证人。

开放合作搭平台,与友同行、与师为伴才能更好地实现创业的价值

六年来,李恩伟也始终保持着开放的心态,广纳友伴,广聚人才。他深知,农业品牌全价值链服务平台非其一己之力可以完成。因此,李恩伟一直秉持着"财散人聚"的价值理念,对接了中国农业大学农业规划科学研究所,为农业产业规划提供有力支撑;与中国最大的新媒体平台新浪微博签约成为"一县一品"战略合作机构,为农业品牌提供"以新带全"的媒体传播策略;与中国排名第4位、华中最大、全年农产品流通量达350亿元的长沙红星大市场成立合资公司,为农品销售提供强力保障;吸纳多领域战略合作伙伴同行,成立多家合资公司,为农优一百的发展提供了人才支撑和团队保障。

实事求是树口碑,不以诚信为代价换取眼前的利益

中国农业经历过竭泽而渔的阵痛期,中国工业也经历过牺牲环境换经济效益的粗犷发展阶段,这些都是产业发展走过的弯路。这些教训,平移到创业就可得出结论,不要为了快速获得眼前的利益而放弃了一些原则,比如产品品质、服务水准等。李恩伟也经常面临艰难的抉择,很多客户对品牌没有概念,觉得做了品牌马上就能一夜之间家喻户晓,赚得盆满钵满。可是打造品牌是需要长期积累、长期投资的,短期内就想全国知名卖爆仓,几乎是不可能的。可是,很多客户听了这话就不做了,该怎么办?生存压力与实事求是,李恩伟始终选择实事求是,"什么是品牌,需要具备什么基础,要花多少钱,需要多长时间,预估会达到什么效果",这些问题,李恩伟都会作为一节培训课请客户全体参加。这可能会失去一部分客户,但是却能赢得口碑,赢得信任,赢得尊重,赢得"李恩伟这个人靠谱,农优一百靠谱"的赞誉。

很多人说,创业是一场九死一生的旅程。确实,这是一件非常艰难的事。但是哲人曾说,难行能行,才能实现人格的升华,才能实现人生的蜕变。愿心的种子已经种下,唯心如草木,向阳而生,唯心如土地,包容承载,才能深深扎根,茂密参天,与艰难和解,与梦想牵手。

朱海洋
为传统农业插上数据的翅膀

朱海洋是一名从创业大赛中走出的大学生创业者,在他的商业模式中,利用数字技术搭建起的农业大数据综合服务平台,不但可以为农民提供种子、化肥、农机服务等常规服务,还可以提供金融、订单等新服务,并使这些服务与农民的实际情况相匹配,让技术为农业赋能。同时,他们也在努力打造"企业+新型村集体经济+农业供应链金融+用粮方+供应链方"的整体大闭环,在闭环关系统中实现信息流完全互通,让所有交易和闭环都能达到一个清晰的状态,以进一步促进产业融合,从而更好地服务河南的农业、中国的农业。

【个人简介】

朱海洋,男,大学学历,1990年2月出生于河南鹿邑县,创业之前曾在一家世界500强外企任职大区销售总监,负责市场和金融业务。2015年回家乡创立河南嘉禾智慧农业科技有限公司,现任嘉禾农业CEO,智慧农业产业金融供应链专家。

他带领公司团队获得了首届中国"互联网+"大学生创新创业大赛全国铜奖、中国青年涉农产业创业创富大赛全国赛的铜奖,河南省最具成长潜力的创业独角兽企业,"河南省科技创业雏鹰大赛"优秀企业奖等荣誉称号;曾受到过国家、省级领导人的亲切指导和关怀;2015年荣获首届中国"互联网+"大学生创新创业大赛全国铜奖,并获得时任国务院副总理刘延东的接见指导;同年参加中国青年涉农产业创业创富大赛,获得全国赛铜奖,受到农业农村部副部长张桃林、共青团中央书记处书记徐晓的接见和指导;同年11月获得郑州市首届创赢未来全国大学生创新创业成长组三等奖;2016 年获得第五届中国创新创业大赛河南省科技创业雏鹰大赛企业组优秀奖。

【创业感言】

对于从事新农业的我来说,创业让我成长了许多,我觉得创业更像是一种修行,是一种经历和磨炼,从不被看好和不理解,一直到现在,通过自己的努力获得了很多的认可与尊重,我的内心觉得创业可以创造更多价值;在全民抗疫的时候,在国家需要我的时候,我竭尽所能,做了一点点贡献;不去耕耘,不去播种,再肥沃的土壤也长不出庄稼,我一定争做新农人的先锋队,为乡村振兴而努力创业。

【组织简介】

公司为国家科技型企业,河南省智慧农业物联网云应用工程研究中心、郑州市高校就业见习基地、新型职业农人培训专家单位、中英国际联合实验基地。运用"线上＋线下"多维度技术保障体系,构建天地一体测控网络,使互联网、云计算、大数据和线下服务组成四位一体的"互联网＋新农业",同时建立了完善的技术服务中心、标准化服务流程,成功将大数据、物联网、互联网等科技方式完美应用,形成公司强有力的农业管理中枢大数据综合服务平台,全方位、无盲区地指导合作伙伴科学事农,省心、省力、省事、省钱,有效降低大规模种植的人力成本和财务成本,增加作物产量,促进适度规模发展,帮助经营主体实现"投入更少、收获更多"。

河南嘉禾智慧农业科技有限公司以"产业振兴＋农业全链条综合服务"为基础,形成党支部、村委会和集体经济组织建立"三位一体综合合作社"体系,以激发农村内在主体活力、提升农民组织化程度、增加农民收入、增强农村基层组织战斗力和村集体的经济实力等为具体目标,配合国家乡村振兴国策,与属地政府密切合作,结合当地实情和特色,因地制宜地推进强农富农战略落地,在实施农业质量提升工程、农业绿色发展工程、农村脱贫攻坚工程等方面,做出自身的贡献。

目前,公司实施以销订产的订单农业,深度服务省内外数百家农民专业合作社、家庭农场等种植、养殖、农业社会服务经济体,覆盖约 200 多万亩土地,400多个新型农业经营主体,前后培育孵化了600多个家庭农场,与地方一起培训了约2600余名职业农民、农业职业经理人;与漯河、商丘、周口、许昌等多地地方政府战略合作,本着"政府引导、市场化运作、共同发展"的原则,在现代农业生产和乡村振兴方面开展全面合作,共同制定产业发展战略、方针政策,确立"保护、提升、组织、服务、富裕"的农业、农村发展思路,在区域党委政府的领导下,紧紧围绕现代农业发展和乡村振兴这一主题,执行县域所属相关工作落实、执行。业务范围已经涉及漯河、濮阳、新乡、商丘、许昌、周口、鹤壁、南阳等粮食主产区约24个县域300多个乡(镇)村,利用精准农业和农业生产组织关系变革帮助其减少20%投入,增加10%产量,平均每亩增产增收约240元,取得了良好的社会效益和经济效益,为项目地及周边区域起到了良好的科技引领和示范作用。

【创业者故事】

2010年,朱海洋和家乡几个同学兄弟在老家农村承包土地,成立合作社种植粮食。2015年,赶上全国双创大潮,他辞去外企工作,带着对农业的情怀返回家乡河南,联合同学一起创立河南嘉禾智慧农业科技有限公司,为新型经营主体提供全产业链的"技术服务+订单农业"。

看好大农业的未来

没有创业之前,他一直在外企工作,从大学毕业实习生一路做到大区总监的职位,也是历经波折坎坷,曾经也是管理百人团队、年薪百万的职场精英。远离家乡,在外工作,父母年事已高,身体又不太好,正好老家的同学兄弟一直在做农业种植,加上他本身也是农村人,也一直关注他们的企业成长,一起看好未来的大农业,就一拍即合,辞职回到家乡创立了河南嘉禾智慧农业科技有限公司。

及时调整战略方向

一开始,公司打算以技术作为进入农业领域的切入点,给种植的大农户提供物联网设备和技术服务,但在具体实践过程中发现,技术能解决的只是整个农业生态中的一小部分问题,而且一旦投入成本过高,大部分的农民便会拒绝,不仅如此,随着不断对农业行业的深入,他们发现了更多目前农业生态中存在的问题,例如作物丰收之后的销售问题,尤其是经济类作物,滞销现象突出;农业中的金融问题,由于农民大多数处于信用空白状态,银行和金融机构很难为其解决贷款问题。

　　"农民能力有限,把地照顾好就不错了,但其实他们还需要面对诸如技术、市场、金融、自然灾害等各类复杂问题,难度还是很大的。"基于以上考量,团队开始尝试调整、优化既有的商业模式,以解决整个农业产业链上各个环节的问题。首先,与用粮方签订合同,并根据合同将订单的具体需求利用专家库资源转化为种植标准下发给农户,解决订单问题;其次,在种植过程中为农户提供全产业链的技术服务,保质保量的同时也避免生产过程中不必要的精力浪费;最后,还以公司名义与银行签订合同,并将银行的授信交给农户使用,解决其贷款问题,从而确保从种到收都处在一个完整的闭环服务中。

　　万事开头难,一开始,这种模式并不被看好。"一群没种过地的年轻人,来指导我们种地?信不得。"围观者窃窃私语。为打消农户的疑虑和不信任,他决定"现身做法",带领嘉禾的团队在老家承包了3500亩土地,进行智慧型种植试验。"在技术的加持下,从种到收几乎都是科学合理的,从及时获取天气数据,为作物注射葡萄糖,闭合其呼吸通道来抵御倒春寒中与冷空气的接触,到根据检测数据对作物进行相关的灌溉、除虫、施肥等一系列步骤,都最大程度做到了科学、准确且符合作物生长特性。等到丰收时,新型种植方式相比传统种法每亩地多收近100斤小麦,3500亩就多出了近35万斤,成效还是非常明显的,而且新型种植方式下的小麦品质也更好,售价更高。"此番试验过后,农户才开始相信这些年轻人确实能种好地,也开始逐渐接受此类新型种植方式。除此之外,嘉禾团队在许昌做的案例也非常成功。许昌鄢陵素有种植烟叶的传统,农户也习惯了收完烟叶后将地空着等待来年的种植季节,在此情况下,嘉禾团队便与当地政府达成协议,在土地的空白期种植蔬菜,由专家全程做技术指导,收获后送往广州完成在种植前便签下的订单。此项目直接为每亩地增加了1000多元的额外营收,将当地以往的输血式扶贫顺利转换为造血式扶贫,引发了当地各媒体渠道的轮番报道。

斗士更需要鼓励

　　创业就是艰难的,刚开始的时候要比预想中的困难多得多,刚开始承包土地,面临市场、资金、地租、技术、自然灾害的问题,每一个问题都是致命的,尤其农业在银行几乎是贷不到款的,几乎也是拿不到任何投资,在金融界,农业就是风险大、周期长、利润低的。

朱海洋在不断探索和碰壁中,走出了一条全产业链订单化的服务道路。现在的农产品从种到收缺乏一个可行的标准,要知道,标准并不是检测出来的,而是从源头把控出来的。至于每一步该怎么把控,他计划把它做成一个智慧的系统或者生态,让农业组织关系更高效、更简单,也让农民能够在平台上获得应有的收益。他认为"艰辛"二字也不足以形容创业者这个业态,尤其是在创业前期,投入众多财力、人力、物力之后却看不到希望,或者希望遥遥无期的状态非常难熬,但是创业者还必须要咬牙坚持下去。同时,还会经历太多的不理解,如家人的不理解、最亲近的人的不理解。说起无论外界怎样否定自己,给自己多大的压力其实都可以坚持,但是身边的人否定自己,或者最在乎的人否定自己,是最让人受不了的。

让农民投入更少,收获更多

河南嘉禾智慧农业科技有限公司,是河南省全产业链社会化服务的专业性技术服务公司,国家科技型企业,打通全产业链上下游的生态数据,利用数据穿透闭环,打通了银行与农户的通道,让订单农业在线完成融资,让社会化专业服务于农业,降低生产成本,完善了农业产品的标准把控。嘉禾农业公司利用科技平台和订单服务于农户,目前服务了近200万亩土地,用专业的种植标准赋能于农户的生产标准,达到用粮单位的标准,做成订单农业,让市场溢价,让农户受益,嘉禾农业的口号就是:投入更少,收获更多。

嘉禾智慧农业科技有限公司现在目前研发了河南省大农业生产的数据化平台系统,也正在参与河南省的数字乡村,让河南的农业插上互联网大数据的翅膀,让现代科技更好地服务于农业,助力乡村振兴。

延伸粮食产业链

2019年3月8日,习近平总书记在参加十三届全国人大二次会议河南代表团审议时指出,要抓住粮食这个核心竞争力,延伸粮食产业链、提升价值链、打造供应链,不断提高农业质量效益和竞争力,实现粮食安全和现代高效农业相统一。习近平总书记深刻洞悉粮食产业发展的规律,提出了破解"既要保安全、又要促发展"这一世界性难题的宏大命题,同时指明了"三链同构"的发展路子。

粮食是特殊产品,从生产看,自然风险大,比较收益低;从需求看,收入弹性小,但又不可或缺、不可替代。作为一个产粮大省,河南的基本省情粮情是人多地少,农户小规模分散经营,粮食的弱质性表现得更加突出。因此,长期以来,政策一直在"保安全"和"促发展"之间纠结,在围绕破解小农户与大市场的矛盾进行改革和探索。无论是 20 世纪 90 年代以来倡导的"公司＋农户"、农业产业化经营,还是后来提出的发展粮油产品深加工,并再次提出发展粮食产业经济,目的都是想通过纵向延伸产业链,横向延伸服务链,或者跨界延伸粮食和农业的功能链,扩大粮食这个特殊产品的增值空间和增值环节,克服"小生产"的短板,把粮食的弱质性稀释掉,同时更好满足人们不断增长的对粮食及其制品的多样化需求,更好保障粮食安全,这是推进农业现代化的基本任务。

一是用科技赋能粮食产业化大数据平台。为应对农业种植和养殖领域创业中遇到的农业投资大、各种银行等金融机构不对农业作支持、害怕风险、回报周期长、利润低、技术要求高、市场渠道对接受阻的种种困难,朱海洋团队开辟出了一系列新模式和新业态,用全局性眼光看待大农业,建立了智慧农业产业链大数据的平台;上下游的各个端口的数据全部在平台上,"订单＋农业"种植养殖;学会利用专业化的社会化服务组织,订单发挥金融属性,让各个金融机构可以看懂大农业产业链的数据流、产业风险的规避,还有保险期货价格指数的运用,全部在线上,"线上＋线下"全产业链的系统性思维,打通了上下游的数据流,让各个单元形成了统一的大闭环,又引入了产业链金融,让科技赋能小农户,让他们投入更少、收获更多。

二是不断探索新的产业形态和组织形式。朱海洋为种植、养殖大户提供了从订单到销售的全产业链的综合农业服务模式,将消费者的品质要求解析成了生产种植标准,通过专业化社会化的农业服务,帮助农户(特别是规模化种植主体)通过先进农业技术,种出符合市场需要的高品质农产品,更破解了农户贷款难、贷款贵的产业链金融问题。通过定向投入,技术托管,建设产前、产中、产后服务体系,完成统种、统收的订单农业。以"公司＋农民合作社＋家庭农场""公司＋村集体＋家庭农场"等形式,联手合作社、家庭农场、村集体组建产业联合体,实行供产销一体化,拉长产业链、提升价值链,保障优质粮食供给,推进农业绿色发展,促进三次产业融合。

最终通过农产品订单实现品质农产品的溢价销售,让农民收益增加,从而提升农民的生活水平,带动当地农业的发展,促进了当地乡村产业兴旺。

三是着眼于整个现代化过程。朱海洋创立的智慧农业大数据综合服务云平台,把上下游整个产业链的服务搬到了线上和云上,提升了河南大农业科技互联网水平,提升了生产效率和粮食安全,提升了订单的价值链,又运用区块链技术做溯源,他们更希望能在全国做出标杆,真正地实现全国的大农业综合协同。

农村产业大数据的互通融合发展

适度规模的小农户,家庭农场和合作社为主,新型经营主体 200～500 亩左右,发展村集体产业,利于实现乡村振兴,因地制宜,朱海洋团队的嘉禾模式已经把非标农业做成了标准产品,有利于风控和快速的复制。在嘉禾智慧农业大数据综合服务云平台上面,农户可以找到所有与之匹配的生产要素服务,如种子、农药、化肥、农机服务、金融服务、技术服务、订单服务等,以及嘉禾独有的物联网农业大数据算法、生长模型、北斗卫星遥感技术、区块链技术溯源农产品等技术赋能到客户,把粮食订单需求方的标准转化成生产种植指导书,给予生产基地,产出后由粮食加工企业高价收购,保证了农产品的去处,在平台上引入保险公司用来对抗不可抗力造成的不确定的风险,在这个智慧农业云平台上的数据流、生产数据、订单数据流、资金流数据形成了强有力的大闭环,实现了种养产业的三链大数据协同综合服务,该系统具有自我迭代功能,可以以省级为单位的智慧农业综合服务指挥平台、市县大数据综合子系统形成立体的大数据综合服务云平台,后期随着各省市县大数据的叠加,农业生产进入计划时代,再也不会有因信息不对称而造成的"菜贱伤农"的现象发生。这个智慧农业大数据综合服务平台具有中立性,具备各省市县的招标系统功能,有专家系统对各个服务供应商进行评价,以及农户推荐和评价考核功能,让所有的服务进入一个正向激励的机制中。

提升主粮订单的价值链和供应链

在嘉禾智慧农业大数据综合服务平台下,大农业的订单形成了市场化,需求方把需要的粮食原料标准化,市场上的粮食产品溢价给农民带来了实际的利润,从而形成了一、二、三产业融合,平台上供应链的高效服务使粮食加工企业的成本大幅降低,让平台服务的小农户收益更多、投入更少。

【创业总结】

创业 6 年多来,朱海洋说其中的心酸不足为外人道,做乡村振兴,脱贫致富,如果没有产业怎么振兴呢? 对农民来说,如何把土地盘活,因地制宜,得到实惠,才是最重要的事情。但对嘉禾智慧农业而言,帮助农户把土地种好只是工作的第一步,接下来还要想办法提高农作物品质,进而做好深加工,同时去面对市场问题,从专注于第一产业进阶为做好一、二、三产业的大融合。

农民确实非常辛苦,整日面朝黄土背朝天,但应得的一些收益并没有拿到。他要利用平台化思维、订单思维去拓展销售渠道,提高附加值,实现一、二、三产业相互融合,也使农民更有尊严和职业感,在培养赋能新型农人的同时也分享快乐。

刚开始创业的时候,前几年做农业,基本没有人关注,而现在,在国家的大力扶持下,"乡村振兴"提得越来越响,参与的人越来越多,对农业的支持力度也越来越大,而且现在很多高学历的人才也愿意返回农村利用新型方式做农业,如此大好的市场环境无疑给了企业更多的信心。习近平总书记说,中国强,农业必须强;中国美,农村必须美;中国富,农民必须富。而且现在"乡村振兴"已经进入国家战略,包括党政文件都有提到,这一定是值得去做的一块。从国家对"乡村振兴"的政策倾斜,到鼓励广大青年一起助力"乡村振兴",朱海洋觉得农业的风口已经来了,未来10年或者15年,将是农业的黄金期,农村广阔天地如今大有可为。

在未来的三年内,他们想通过自己的技术赋能帮助政府完成深度的乡村振兴、百姓富裕,还有银行方面对三农的普惠金融的指标,团队开创了"智慧农业大数据综合服务云平台＋三农"的全新模式,让数字科技深度服务乡村,河南传统农业大省的科技数字农业实现了高质量发展。打造河南智慧三农的新名片,让河南农业大数据服务走在全国的前列。在经济效益层面上,嘉禾智慧农业大数据综合服务云平台实现省市县三级数据服务之后,河南所有三农相关的数据全部打通,真正地实现了数字乡村,三链真正的大融合,实现了乡村振兴的高质量发展,打造了河南三农的智慧新模式样板。预计平台首年销售交易额可达800亿－1000亿元,实现税收10亿元以上,争取两到三年内该平台实现年订单销售交易额3000亿－5000亿元,实现税收过50亿元,实现带动农民创业就业过万人的美好愿景,争取把智慧农业大数据综合服务云平台打造成河南首家乃至全国最大的数字乡村和三农大数据综合服务系统,为中国的三农高质量发展提供源源不断的新动能。